Felicitas H. Nelson

SIMBOLI DI POTERE

Amuleti e talismani di tutto il mondo

EDIZIONI
IL PUNTO
D'INCONTRO

Felicitas H. Nelson
Simboli di potere
Titolo originale: *Symbolsprache der Talismane & Amulette*
Illustrazioni di Heike Owusu
Traduzione di Stefania Montesano

Prima edizione originale pubblicata nel 1998 da Shirner Verlag
Prima edizione italiana pubblicata nel giugno 2000
Seconda edizione italiana pubblicata nel novembre 2005
Edizioni Il Punto d'Incontro, Via Zamenhof 441, 36100 Vicenza
Tel. 0444 239189, Fax 0444 239266, www.edizionilpuntodincontro.com

Finito di stampare nel novembre 2005 presso la tipografia CTO, Via Corbetta 9, Vicenza.

ISBN 88-8093-207-1

Sommario

Introduzione

Fin dalle origini gli uomini erano soliti indossare degli oggetti cui attribuivano particolari poteri magici. Questi avevano lo scopo di proteggere colui che li portava da diversi influssi, di attrarre particolari eventi come l'amore e la fortuna o di conferirgli forza e determinazione in grado di aiutarlo nel corso della vita. Finora questo tangibile scongiuro ha conservato i suoi effetti. I talismani e gli amuleti vengono utilizzati come ancora di salvezza o per richiamare particolari eventi.

Viviamo in un mondo materiale, pertanto, abbiamo bisogno di riscontri visibili onde evitare di perdere la fede e la fiducia. Non si tratta di superstizione, ma di desiderio di trovare corrispondenze concrete.

In questo libro vengono presentati alcuni amuleti e talismani antichi e moderni, in gran parte utilizzati ancora oggi. Quasi ogni brano può fungere da talismano o da amuleto. Per poterli distinguere bene, è necessario ricordare che un talismano è un portafortuna, mentre un amuleto è un protettore.

È possibile utilizzare più talismani e amuleti, risalenti a diversi periodi, appartenenti a culture diverse e per differenti scopi, tuttavia, ciascuno deve essere legato a un proposito.

Ti auguro amore, fortuna e conoscenza di te stesso attraverso i talismani e gli amuleti.

Percorri nella gioia il sentiero dell'armonia!

Divinità della Preistoria

VENERE – Femminilità

Immagini di Venere sono note da 25.000 anni e sono state rinvenute nel territorio comprendente la Francia e l'Asia. Esse rappresentano l'illuminazione spirituale che si raggiunge attraverso gli esercizi sessuali, come nelle pratiche tantra.

Come talismano aiuta a:
- riconoscere i cicli di nascita, morte e rinascita
- sperimentare il divino nella sessualità
- sentirsi bene in ogni espressione del proprio corpo

Come amuleto protegge contro:
- le molestie sessuali
- la paura della propria femminilità
- la mancanza di sensibilità

DEA MADRE – Guarigione

Questa divinità porta in grembo una donna che innalza le braccia fiduciosa. Trasmette a colui che la invoca la forza per guarirlo e insegna a utilizzare le proprie potenzialità nascoste.

Come talismano aiuta a:
- farci ricordare nuovamente il vecchio sapere

– scoprire verità e misteri a lungo celati
– ritornare in buona salute

Come amuleto protegge contro:
– le malattie e l'ignoranza
– il rifiuto di saggezze spirituali
– la pura razionalità e la fede nella tecnologia

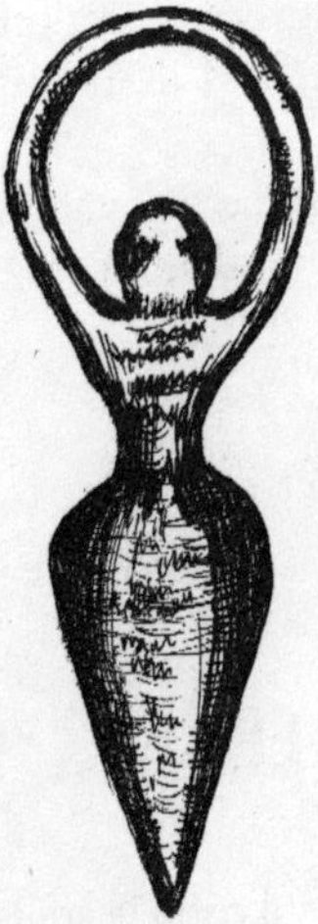

GAIA – Madre Terra

Le braccia di Gaia elevate e chiuse in un cerchio simboleggiano l'armonia con cui la dea Terra unisce tutte le forme di vita sul pianeta Terra. La sua saggezza ci insegna a ritrovare l'equilibrio naturale quando la invochiamo per guidarci.

Come talismano aiuta a:
– sentirsi in sintonia con la vita sulla Terra
– ritrovare l'equilibrio fisico, psichico e spirituale
– sviluppare grazia e prudenza

Come amuleto protegge contro:
– i danni e la mancanza di rispetto all'ambiente
– le alterazioni dell'equilibrio

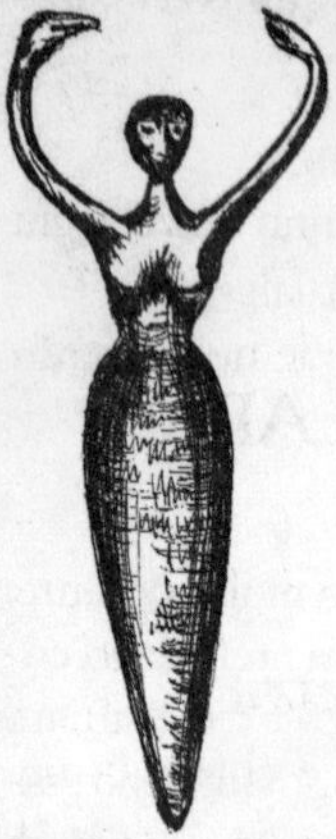

DIVINITÀ TUTELARE
– ammonimento

Con le braccia elevate ci ammonisce e ci invita a non dimenticare la nostra vera identità e le nostre origini, immersi come siamo in un mondo tecnicizzato. La sua immagine simboleggia la forza concentrata dell'unione di cielo e terra.

Come talismano aiuta a:
- introdurre antiche culture e tradizioni nella nostra vita sempre più dominata dalla tecnologia
- riportarci alla nostre origini e ritrovare la forza per affrontare la quotidianità

Come amuleto protegge contro:
- lo sradicamento
- il disprezzo delle antiche tradizioni
- la follia

DEA DELLE STELLE
– Sogno

Porta nelle mani innalzate sul capo le stelle che brillano e scintillano nel cielo notturno e che ci accompagnano nei nostri sogni. La dea è la portatrice di uno stato onirico onnipresente.

Come talismano aiuta a:
- ricordare i sogni notturni
- recarsi nei nostri sogni in spazi illimitati
- riconoscere i sogni come un altro volto

della realtà

Come amuleto protegge contro:
– i disturbi del sonno
– il sonnambulismo e il sonno senza sogni

DEA DELLE CICLADI – Pazienza

3.000 anni fa questa dea era molto potente. Le Cicladi fanno parte di un arcipelago costituito da circa 200 minuscole isole situate tra Creta e la Turchia. Proprio qui sono state realizzate le statue di questa meravigliosa e potente dea in pose rituali.

Come talismano aiuta a:
– conservare la pazienza
– dedicare del tempo ai propri rituali
– godere del tempo libero oziando

Come amuleto protegge contro:
– le situazioni di stress
– la mancanza di tempo
– l'impazienza e il nervosismo

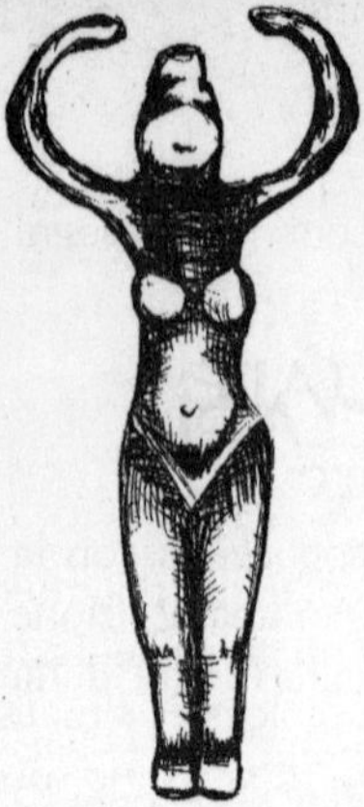

DEA DEI FALCHI – Gioia

La dea si mostra con gambe robuste e braccia elevate come ali. Rappresenta la forza femminile dello spirito, l'antica danza della vita e ci insegna a muoverci con leggerezza e a rispettare la terra. È la dea dell'antichità e del futuro.

Come talismano aiuta a:
- librare con leggerezza sulle cose come un uccello
- imporsi, se necessario, con forza e orgoglio come un falco
- guarire avvicinandosi alla spiritualità e alla gioia

Come amuleto protegge contro:
- l'ostinazione
- l'indecisione
- la debolezza

DEA DEL CERCHIO – Costanza

Questa dea danza come un vortice. Nel corso di migliaia di anni è stata denominata Gaia, la Madre Terra dei Greci, Venere, Diana, Bona Dea, Inanna. Essa rappresenta la costante prova dello spirito.

Come talismano aiuta a:
- vivere la vita con gioia
- guarire attraverso la danza
- possedere presenza di spirito

Come amuleto protegge contro:
– la malinconia
– i disturbi circolatori
– le interruzioni di attività legate alla terra

DEA DEL RITUALE LUNARE – Pace

La dea della Luna è appoggiata con la schiena al disco lunare in una posizione yoga. Festeggia il rituale lunare della tranquillità e della bellezza. La sua energia divina è viva e aumenta con ogni rituale. Se si eseguono questi rituali durante ogni fase di plenilunio, la pace e la bellezza seguiranno. Noi tutti costituiamo una piccola parte della nostra eredità a lungo nascosta.

Come talismano aiuta a:
– sincronizzare la nostra vita con le fasi lunari
– essere taciturni e discreti
– manifestare la bellezza interiore

Come amuleto protegge contro:
– l'insonnia durante il plenilunio
– le aggressioni
– le esagerazioni

DEA DELLA SPIRALE
– Creazione

La vigorosa dea crea costantemente nella sua spirale cose nuove da se stessa. Essa ci mostra la dea che è in noi e ci invita a realizzare nel mondo le nostre visioni singolari e creative. Dovremmo tentare di dividere con lei la nostra natura estremamente potente e vera e riconoscere la divinità che è in noi, in modo da diventare guaritori e tessere da soli la tela della vita.

Come talismano aiuta a:
– realizzare nuove idee
– sostenere le proprie creazioni
– ottenere la guarigione attraverso un continuo rinnovamento di se stessi

Come amuleto protegge contro:
– la scarsa fiducia in se stessi
– la pusillanimità e l'inattività
– il vuoto interiore

DEA DELL'ETÀ DELLA PIETRA – Radici

Già 50.000 anni fa venivano fabbricate molte di queste statue madri belle e morbide. Questa dea ci rimanda alla nostra religione più antica. Avvolge le braccia intorno al grembo e l'immagine ricorda il bastone per scavare con cui i nostri antenati erano soliti cercare le radici dalla terra per mangiarle.

Come talismano aiuta a:
– far rivivere il passato e a guarire
– ottenere stabilità attraverso il proprio corpo
– mantenere sempre la tranquillità

Come amuleto protegge contro:
– la superficialità e l'eccesso di interessi
– l'alimentazione malsana e le relative conseguenze
– l'obesità e la mancanza di disciplina

BONA DEA – Predizione

Era la dea dell'antica Roma. Nessuno conosce le sue origini. Era venerata esclusivamente dalle donne e solo queste ultime erano ammesse a partecipare ai rituali in suo onore. Infatti gli uomini potevano essere condannati a morte qualora fossero stati scoperti a partecipare al rituale di nascosto. Le stesse donne non potevano informare i propri mariti di quanto accadeva durante le cerimonie religiose. Bona Dea è anche chiamata Fauna, la "buona dea" o Fatua. Quest'ultimo nome ricorda il fato, infatti si riteneva che questa dea possedesse il dono della profezia.

Come talismano aiuta a:
- formulare predizioni
- sentirsi bene tra le donne e a condividere gli stessi obiettivi
- proteggere la propria casa e a gioire dei lavori domestici

Come amuleto protegge contro:
- il dominio maschile
- la vanità di piacere agli uomini
- l'ostilità verso gli uomini

Egitto

Udjat (Uzat, Wadjet) – Occhio di Horus – Guarigione

L'occhio di Horus ha valore di amuleto protettivo

L'occhio era uno dei simboli protettivi più importanti dell'antico Egitto. In questa terra dai mille colori per gli uomini non c'era cosa più preziosa della vista. Infatti l'occhio registra tutto quanto si trova nell'ambiente circostante e può anche interpretare i sentimenti e gli stati d'animo di un uomo. Basti pensare allo "scintillio di uno sguardo".

Gli occhi della divinità dei falchi Horus sono il sole e la luna. L'occhio destro è rappresentato dal sole, mentre quello sinistro dalla luna. L'occhio destro simboleggia l'attività, il futuro, quello sinistro la passività, il passato. Entrambi gli occhi hanno una vista ampia sia di giorno che di notte. Per questo rappresentano l'onniscienza e sono stati associati all'invulnerabilità e alla fertilità eterna. Sono stati collocati spesso sul lato sinistro di sarcofagi, in modo che il defunto potesse vedere il cammino da percorrere. Sul grande amuleto protettivo raffigurato in basso accanto all'occhio sole di Horus sono inseriti due soli di corniola che per gli egizi era la pietra di dio direttamente legata al sole.

Come talismano aiuta a:
- rimanere in buona salute e a rinnovare la forza vitale
- ottenere o migliorare la fertilità e la forza creativa
- vedere gli altri con gli occhi del cuore

Come amuleto protegge contro:
- il malocchio
- la cecità

COLONNA DJED – Colonna vertebrale di Osiride – Risurrezione

Prima dell'età egiziana la colonna Djed era un feticcio e probabilmente doveva rappresentare un palo intorno al quale erano piantate le spighe di grano che indicavano la presenza di un culto della fertilità. La forza del cereale e la sua continua crescita doveva essere in questo modo assicurata. Ed è per questo che con il tempo è divenuto il simbolo della "durata".

Nel nuovo regno la colonna Djed divenne il simbolo di Osiride, che in qualità di divinità della risurrezione, rappresentava la fertilità e l'eterna durata. La colonna Djed divenne in questo periodo la colonna vertebrale del dio. L'innalzamento delle colonne esprimeva la vittoria di Osiride sul suo avversario Seth. La colonna Djed veniva donata ai morti come amuleto, infatti nei feretri si trovano raffigurazioni al posto della colonna vertebrale della mummia. L'amuleto doveva determinare la risurrezione dei morti, far durare la vita in eterno e conservare la facoltà procreativa.

ANKH – Croce a due manici – Vita

Questo segno risulta ancora alquanto misterioso. Come geroglifico significa “vita” e indica la vita eterna, divina. Probabilmente in precedenza era un simbolo sessuale, collegato all’immortalità, all’aria e all’acqua. È stato sempre ritratto quando le divinità consegnavano al re il regalo della vita e dell’alito di vita, mentre portavano la croce Ankh. In questo segno possiamo riconoscere anche la fertilità della terra ricevuta in dono dal sole. Il sole è rappresentato nel circolo superiore della croce, mentre la terra dalla croce inferiore. In molte illustrazioni la croce con i manici viene fissata alle divinità tramite un anello. Per questo è diventata una sorta di chiave che apre l’accesso al regno dei morti.

Il segno Ankh è uno degli amuleti più potenti dell’antico Egitto. La sua forza ci dona vita eterna e fecondità. In unione alla colonna Djed (illustrazione a destra) la croce Ankh significa l’unione del principio maschile e di quello femminile per la procreazione. La richiesta maschile (= facoltà procreativa = sotto: croce tao di Osiride) e l’aprirsi della femminilità (= fecondità = sopra: ovale di Osiride) si fondono in un’unità, che genera nuova vita.

ANELLO SCHEN
– Eternità

L'anello che la figura in ginocchio nell'illustrazione accanto tocca con la mano, non ha inizio, né fine e personifica per questo l'immensità. Come quasi tutte le rappresentazioni di rotondità viene ascritta al disco solare. Questo tipo di anello, le cui estremità erano unite come una corda con un nodo, si chiamavano anelli magici e dovevano difendere contro le malattie e altre negatività.

BASTET
– Dea dei gatti – Protettrice

La gatta Bastet all'inizio venne associata al sole. I gatti personificavano il dio sole, mentre le gatte l'occhio del sole. A partire dal regno medio il gatto domestico è stato correlato alla dea Bastet. Questa dea nel nuovo regno ha assunto tratti sempre più deboli. Per questo è stata correlata alla luna in modo che anche l'immagine della luna potesse mutare e solo il grosso gatto fosse collegato all'immagine del sole, mentre il gatto domestico, al contrario, alla luna, e, quindi, anche all'inconscio e all'elemento femminile. È diventata la protettrice della casa, delle madri e dei bambini.

FALCO – Dio – Protezione

Il falco illustrato porta gli anelli Schen e la croce Ankh in entrambi gli artigli e sulla testa il sole rosso di corniola. Il falco per la sua arte del volare e la sua aggressività era molto venerato. Per queste sue qualità divenne come dio dell'aria il simbolo della "divinità in assoluto". Con le ali spiegate si libra tra il sole e la terra e diviene, pertanto, il protettore del cielo e della terra e di tutte le creature.

Una rappresentazione più astratta o una forma più ridotta si trova nel sole alato. In questo esempio è possibile vedere quante svariate rappresentazioni del sole sono disponibili e quale valore esse assumevano nel pensiero degli Egizi. Successivamente il sole era raffigurato in ogni momento della giornata e persino a ogni ora in una forma diversa, ad esempio, nelle sembianze di un bambino, di un coccodrillo, di un falco, di un leone o di un grifone.

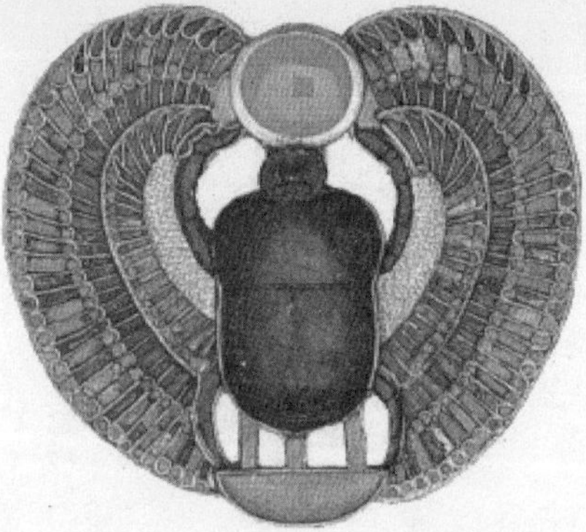

SCARABEO – Lo scarabeo sacro

Creatore di se stesso

Lo scarabeo era il portafortuna più comune nell'antico Egitto. Anche di questo sono pervenute numerose rappresentazioni. Sopra è raffigurato uno scarabeo con un cartoccio reale tra le zampe anteriori, sotto nelle sembianze di Chepre (colui che nasce dalla terra), dio del sole e simbolo di nuova vita. Per il fatto che rotola nello sterco, in cui depone le sue uova, divenne il simbolo del sole, che nella concezione del mondo dell'antico Egitto si muove o rotola al di sopra del cielo. A suo tempo le uova si schiudono e i nuovi scarabei fuoriescono: una nuova vita nasce dalla terra e ciò implica una rinascita.

I-Ching

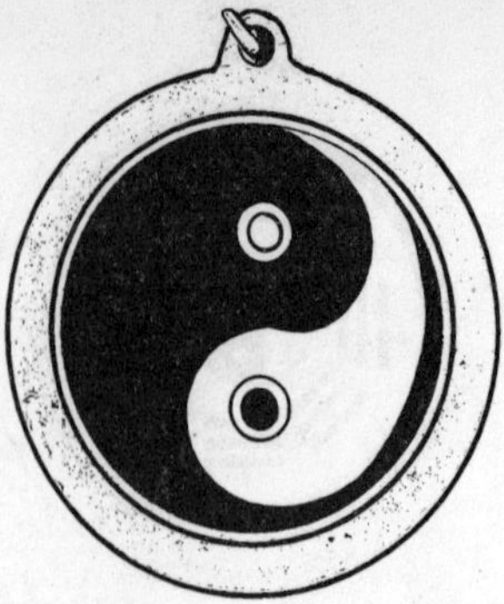

T'AI-CHI – L'"uno" – L'ultimo

L'origine

Questo antico simbolo dei taoisti mostra come si uniscono e si completano il principio maschile e quello femminile. Tutto è nato dalla bipartizione. La scuola dei taoisti fu fondata nel IV secolo a.C. da Laotse e Chuang Tzu. Lo scopo era "l'introduzione contraddittoria nel principio dualistico dominante nel mondo". Il simbolo Yin-Yang è noto alla maggior parte dei popoli occidentali. Questo simbolo viene utilizzato sempre più spesso in rappresentazioni artistiche, grafiche e pubblicitarie. Ha un valore eterno. A tale proposito i cinesi affermano: "il creatore Yang e il ricevente Yin fanno nascere migliaia di cose". Questo antico amuleto cinese viene portato per proteggere il proprio equilibrio interiore e per stimolare la crescita personale.

TAI-CHI

Con 8 trigrammi

Tutto nasce dal Grande Tutto, suddiviso in chiaro e scuro, e ciascuna parte contiene in sé il seme dell'altra e ne costituisce in questo modo il suo completamento. Questo simbolo portafortuna si trova sulla parte posteriore dei talismani I-Ching. Questa immagine illustra come l'uno agisce sull'altro e da dove esso scaturisce, perché nulla è fine a se stesso.

Questo talismano ci aiuta a percorrere la strada della conoscenza di noi stessi e della contemplazione di tutto l'essere. Come amuleto ci protegge contro la sopravvalutazione di noi stessi e ci rimprovera se non osserviamo questa regola.

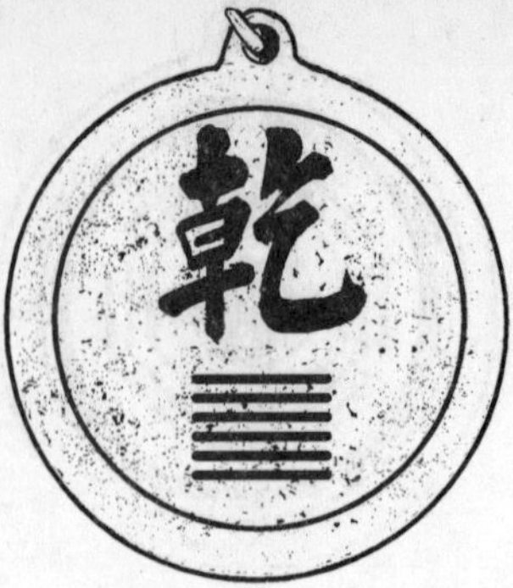

I-KIEN – Lo spirito creatore

Forza decisa e instancabile

In questo carattere sulla sinistra è raffigurato il sole, come appare attraverso le piante. A destra, invece, è raffigurato il primo impulso provocato dal sole. In entrambi i trigrammi maschili il "cielo" esprime la potenza massima, la forza vitale onnicomprensiva.

Come talismano aiuta a:

- ambire al successo e a posizioni direttive attraverso forza creativa e l'aggressività
- raggiungere scopi sensati
- assumere il ruolo di guida all'interno della famiglia

Come amuleto protegge contro:

- le difficoltà insormontabili
- le azioni non pianificate e di scarsa importanza
- l'irrilevanza

Correlazione: maggio

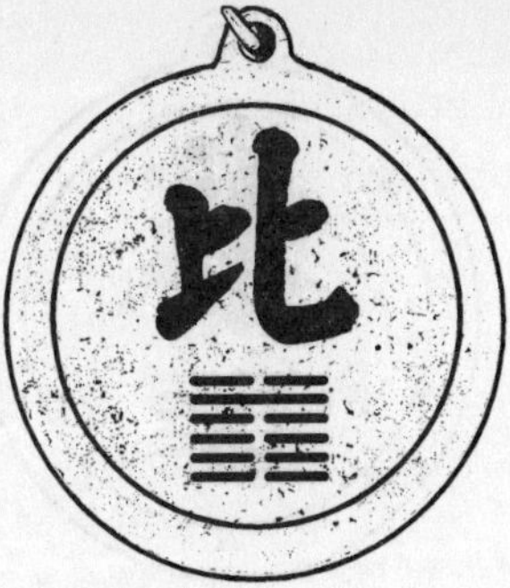

8 – BI – L'unità: Aiuto reciproco

Due persone sono l'una accanto all'altra e guardano verso destra, cioè verso il futuro. Stando vicine esse mostrano reciprocamente il loro sentire, pensare e agire comune. Il trigramma inferiore, la "terra" è coperto dal trigramma "acqua", come era sulla terra già dai primordi. Si tratta dell'unità da cui scaturisce la vita.

Come talismano aiuta a:
- legarsi ad altre persone, per risolvere i propri problemi
- comprendere il momento giusto per agire
- controllare ripetutamente la propria autorità

Come amuleto protegge contro:
- la presunzione
- il ritardo

Correlazione: settembre

11 – TAI – La pace

Cooperazione e armonia interiore

Un uomo superiore è in grado di coltivare in modo pacifico il proprio campo con le mani. Il trigramma superiore "terra" affonda, il trigramma inferiore "cielo" s'innalza. Tutto è come deve essere. Due forze differenti si uniscono, per poter affrontare meglio le ostilità.

Come talismano aiuta a:
- rinunciare a tutte le motivazioni egoistiche e mostrarsi generoso verso gli altri
- intraprendere nuove attività
- portare ordine nel caos

Come amuleto protegge contro:
- la gelosia e lo sfavore
- gli interessi personali ed egoistici
- la xenofobia

Correlazione: febbraio-marzo

13 - TUNG JEN - Amici

Appartenenza e comunità fraterna

Un uomo si trova accanto a un vaso, sul quale un coperchio è perfettamente sovrapposto. Il trigramma inferiore “fuoco” si solleva verso l’alto, nell’aria, secondo le leggi della natura (trigramma superiore = cielo). Tutto è come deve essere. Due forze diverse si uniscono, per poter superare meglio le avversità.

Come talismano aiuta a:

– rinunciare a tutte le motivazioni inconsistenti e a predisporsi positivamente verso le cose esterne
– essere propositivi
– riportare l’ordine nel caos

Come amuleto protegge contro:

– l’invidia e la gelosia
– gli interessi personali ed egoistici
– la xenofobia

Correlazione: luglio

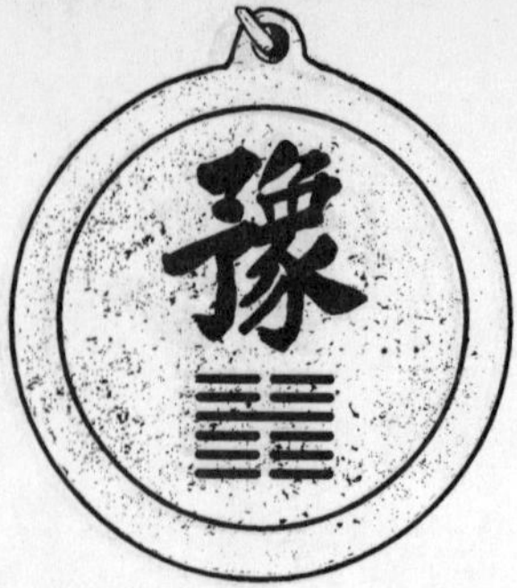

16 – YÜ – L'entusiasmo

L'equilibrio di cuore e ragione

A sinistra si trovano due giocatori e questo fa pensare a uno scambio pacifico. A destra è raffigurato un elefante, simbolo della maestà. Tutto l'incontro ha un aspetto onorevole. Dalla terra in basso si solleva il tuono e si riversa tra gli uomini. Quando si compie un movimento liberamente e senza opposizione, questo ha successo. La tensione viene allontanata e l'entusiasmo pervade tutti i giocatori e gli spettatori.

Come talismano aiuta a:
– seguire la propria voce interiore
– percorrere il cammino dell'opposizione
– indagare nel presente e seguire il suo ritmo biologico per migliorare la salute

Come amuleto protegge contro:
– le speranze infondate
– la perdita di impulso interiore
– la caparbia volontà di affermarsi

Correlazione: marzo

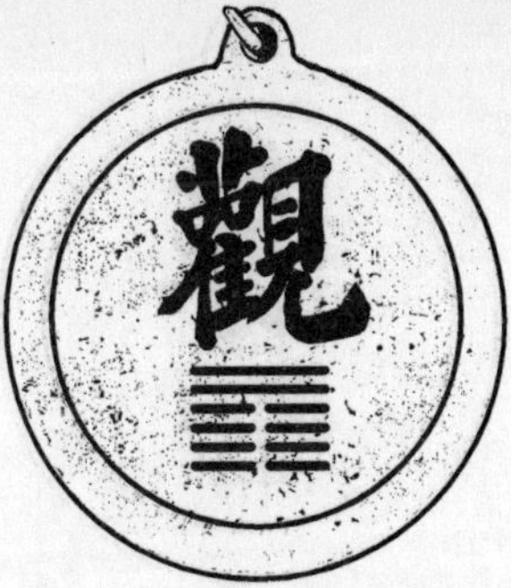

20 – GUAN – La contemplazione

Il riconoscimento delle leggi divine della vita

Un magnifico e serio uccello chiama l'uomo che si trova accanto a lui e che lo guarda con un occhio enorme. Il trigramma superiore, il "vento", soffia sulla terra e costruisce una sorta di torre visibile anche in lontananza. Nel taoismo GUAN è uno dei simboli più importanti, esso personifica "l'arte del sentire".

Come talismano aiuta a:
- agire nel non agire (WU WEI)
- essere completi in ogni momento
- possedere un ascendente sugli altri
- riconoscere obiettivamente se stessi

Come amuleto protegge contro:
- gli orizzonti ristretti
- i pregiudizi
- la superficialità e la concentrazione su se stessi

Correlazione: settembre - ottobre

22 – BI – La grazia

Il perfezionamento rende la vita un'opera d'arte

In questi simboli è raffigurata nella parte interiore una conchiglia come elemento decorativo, sormontata da più piante. Nella parte inferiore divampa il fuoco e illumina la montagna, che appare ancora più bella. La bellezza è importante per l'unione, in quanto consente di esplicarsi in maniera ordinata.

Come talismano aiuta a:
- raggiungere una grande fortuna
- riportare una grande vittoria a coloro che hanno uno scopo da raggiungere
- conciliare l'utile al dilettevole

Come amuleto protegge contro:
- il brutto e il goffo
- il pregiudizio sull'aspetto esteriore

Correlazione: agosto

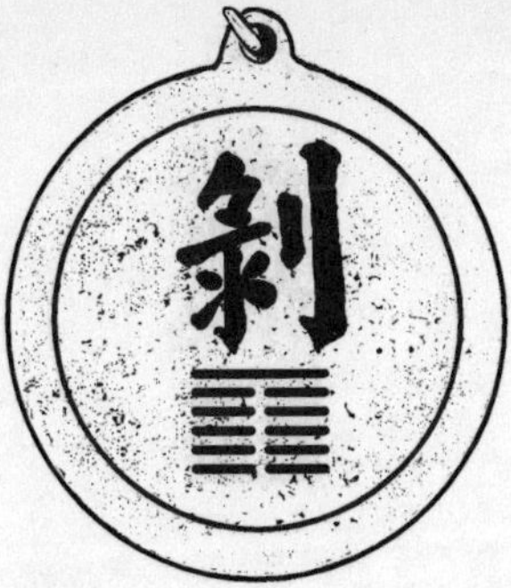

23 – BO – La scissione

La generosità si paga

Un uomo si arrampica su un albero, i cui rami sono stati tagliati da lui con una scure. Ora egli intaglia una freccia, mentre la terra scura si solleva verso l'alto, per scavare la montagna e farla franare. Le circostanze ci costringono all'immobilità e proprio nel momento della rassegnazione emerge tutta la nostra saggezza. Quest'immagine potrebbe essere paragonata alla carta dei tarocchi che raffigura l'impiccato.

Come talismano aiuta a:
- rafforzare i fondamenti della vita
- saper aspettare e preoccuparsi per gli altri
- mantenere la tranquillità nei rapporti personali e comportarsi in modo generoso

Come amuleto protegge contro:
- lo scoraggiamento
- l'intervento tempestivo in un momento sbagliato

Correlazione: ottobre - novembre

27 – I – La nutrizione

L'uomo è ciò che mangia

A sinistra è visibile un volto di profilo, a destra uno frontale. Questa rappresentazione indica l'operazione del masticare e dell'ingoiare. Sotto è raffigurato il tuono e sopra la montagna: i tratti insieme formano l'immagine di una bocca. La parte sottostante rappresenta la propria nutrizione, quella superiore la preoccupazione per quella degli altri e perfino per quella spirituale.

Come talismano aiuta a:
– rimanere sani attraverso la propria nutrizione controllata
– trovare la giusta misura tra la nutrizione spirituale e quella fisica
– donare agli altri quanto necessitano; uno sforzo perseverante determina successo

Come amuleto protegge contro:
– l'assunzione incontrollata di cibo
– l'assunzione di cose negative e la perdita di quelle positive
– la fame di potere e di possesso

Correlazione: novembre

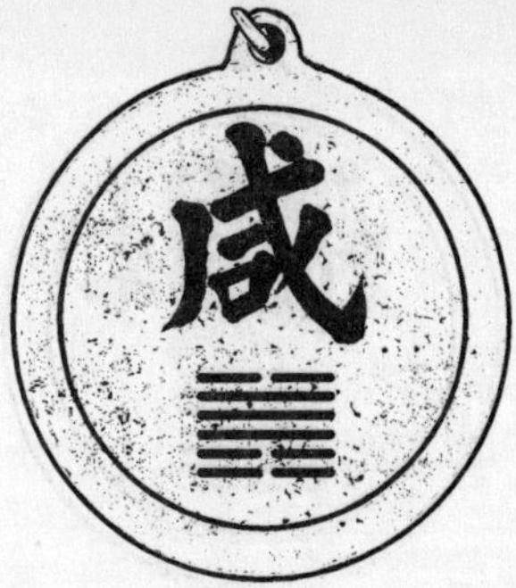

31 – HIËN – L'attrazione

Fondamento di tutti i rapporti sociali

Colmo di gioia e con le braccia protese un uomo tende a qualcosa che lo attrae. Il trigramma inferiore rappresenta l'uomo più giovane, quello superiore la donna. Entrambi si devono muovere l'uno verso l'altra, si tratta dell'attrazione dei due sessi. In questo modo si uniscono il forte e il debole, l'alto e il basso, per creare qualcosa di completo.

Come talismano aiuta a:
- essere aperti e accettare tutte le cose che accadono nella vita
- provare la gioia comune
- vivere spontaneamente un rapporto d'amore che conduce al matrimonio

Come amuleto protegge contro:
- la solitudine e la tristezza
- le tentazioni malsane
- l'ingenuità

Correlazione: giugno

34 – DA DSCHUANG – Il grande potere

Favorisce la perseveranza

A sinistra è raffigurata una persona robusta con le braccia protese, a destra, invece, un albero dritto, che simboleggia la forza e un nobile saggio, che impartisce consigli morali ai Grandi. Il simbolo inferiore del cielo si innalza e dona al tuono il sostegno per muoversi. Il valore interiore ottiene il potere. Tuttavia, non bisogna solo fidarsi della sua forza, ma indagare sempre.

Come talismano aiuta a:

- rimanere uniti secondo diritto e giustizia
- per raggiungere la forza e la responsabilità
- migliorare i rapporti e assumere il ruolo di guida

Come amuleto protegge contro:

- la millanteria e le esagerazioni
- l'inerzia
- la mancanza di forza

Correlazione: marzo - aprile

37 – GIA JEN – La famiglia

Favorisce la perseveranza della donna

In casa il maiale si trova nella stalla. È il più vicino coinquilino. Accanto si trova un uomo che appartiene a questa famiglia. Nella famiglia la casalinga deve preoccuparsi che tutto proceda in un certo modo. Probabilmente è la persona che vediamo rappresentata qui. Il trigramma inferiore "fuoco" genera nella casa calore e fuoriesce dalla stessa, dove incontra il vento. Il calore si diffonde fuori in ogni luogo.

Come talismano aiuta a:
– dimostrare la fedeltà e ad agire al momento opportuno
– sostenere coloro dei quali desideriamo ottenere la stima
– occupare il giusto posto nella vita, assecondare i propri doveri e raggiungere i propri obiettivi

Come amuleto protegge contro:
– l'ansia della prestazione
– l'irresponsabilità
– la ribellione contro le tradizioni familiari

38 – KUI – Il contrario

Fuoco e acqua

Un giorno si riuniscono diverse persone intorno a un tavolo. Non sono tutte della stessa opinione e, tuttavia, non hanno luogo feroci alterchi. Solo attraverso le differenze è possibile raggiungere la completezza, perché opinioni differenti consentono di osservare tutto in un'ottica diversa. Il segno superiore il "fuoco" arde verso l'alto, mentre il mare posto al di sotto, cola. Il movimento tende a separarli. Gli opposti hanno lo stesso effetto della creazione.

Come talismano aiuta a:
- non prendere troppo sul serio una discordia temporanea
- vincere la cattiveria
- saper distinguere tra la realtà e l'immaginazione

Come amuleto protegge contro:
- le azioni false e imprudenti
- la separazione definitiva

42 – I – La vittoria

Le azioni passate portano solo vantaggi

Un contenitore colmo di liquidi è sul pavimento e viene riversato. Il vento e il tuono si elevano l'uno contro l'altro e offrono un'immagine della moltiplicazione. Si annuncia, quindi, un tempo di grande ricchezza. Ora devono essere prese grandi decisioni. Il momento è arrivato.

Come talismano aiuta a:
- vincere al gioco
- abbandonare le vecchie abitudini e dedicarsi alla propria persona
- ottenere grandi ricchezze

Come amuleto protegge contro:
- la comodità
- la perdita di un'opportunità
- l'egoismo

Correlazione: gennaio

43 – GUAI – La risolutezza

Gli ostacoli possono sempre essere superati

Una grande mano tiene una scure. Con grande risolutezza inizia ad aprire la terra. Il cielo al di sotto si eleva per spostare l'acqua verso l'alto, per fare in modo che tutto appaia sempre bello. Tutto il potere di una sola nuvola è stato disperso in questo modo.

Come talismano aiuta a:
- creare soluzioni
- utilizzare la chiarezza della ragione per superare le situazioni difficili
- avere fiducia nel prossimo e ricevere la relativa ricompensa

Come amuleto protegge contro:
- l'odio e la passione irrefrenabile
- l'orgoglio e la smodata autosufficienza

Correlazione: aprile

44 – GOU – L'incontro

A destra il principe si china su un contenitore. A sinistra è raffigurata una ragazza forte, che tenta di esercitare una certa influenza su di lui. Il trigramma scuro il "vento", che si trova sotto, tenta di spingersi verso l'alto per acquisire importanza.

Come talismano aiuta a:
- affrontare le riunioni private e di affari
- armonizzare la propria volontà nei rapporti importanti
- diffidare dell'incontro inatteso e stabilire il contatto desiderato attraverso il giusto comportamento

Come amuleto protegge contro:
- un matrimonio troppo affrettato
- le tentazioni
- la trascuratezza

Correlazione: giugno - luglio

51 – DSCHEN – Il tuono

Il principio creatore

Una persona sopraffatta dalla paura è sorpresa dal lampo e dal tuono. Non appena supera il cattivo tempo, si sente molto risollevata. Entrambi i trigrammi mostrano il "tuono" al culmine del suo infuriare. Ma si tratta di una forza della natura e chi conserva la sua tranquillità, gioisce successivamente della ritrovata quiete della natura.

Come talismano aiuta a:
– superare la paura e conservare la fiducia
– ridere nei momenti di paura
– intraprendere grandi imprese che conducono al successo

Come amuleto protegge contro:
– impaurire gli altri
– la paralisi nelle situazioni di pericolo
– la presunzione

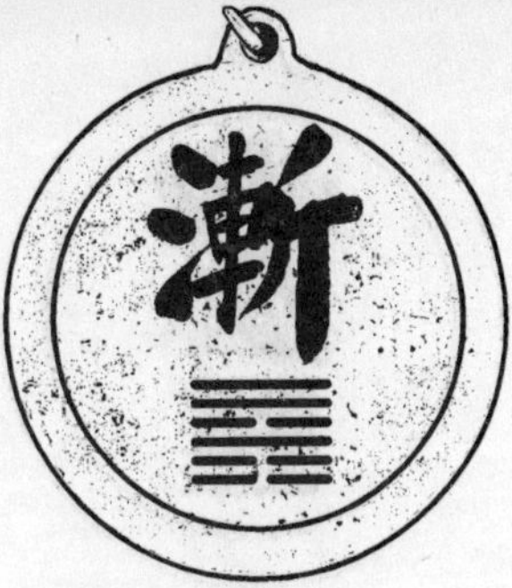

53 – DSIEN – Lo sviluppo

Passo dopo passo ci avviciniamo all'obiettivo

Sul simbolo grafico è rappresentato a sinistra un fiume nel suo letto, che nel corso di milioni di anni ha scavato il suo percorso. Al centro un'auto procede con difficoltà, a destra lavora una zappa. Nel trigramma inferiore la montagna porta al bosco, che cresce lentamente e ha solide fondamenta. In alto il sole si solleva dalla terra alto nel cielo. Tutto questo mostra una natura ordinata, in cui tutto procede secondo un piano e in cui noi tutti otteniamo il posto che ci siamo guadagnati.

Come talismano aiuta a:

- procedere con tranquillità e metodo e non perdere mai di vista i propri intenti
- essere ricompensato per la propria generosità
- celebrare un matrimonio ben organizzato e ottenere fedeltà coniugale
- intendersi con l'ambiente circostante

Come amuleto protegge contro:

- l'odio, la fretta e la paura della sconfitta
- l'instabilità e la passione che determinano grandi sofferenze

Correlazione: gennaio

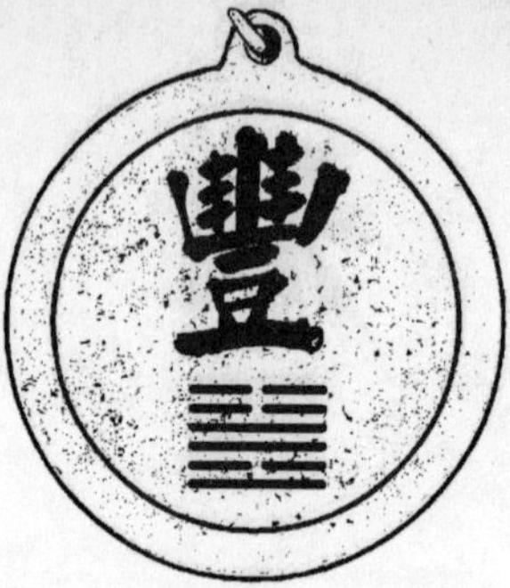

55 – FONG – La pienezza

Il superfluo e le sue tendenze

In un contenitore rituale vengono offerti in sacrificio due covoni di grano. Il raccolto è insolitamente risultato buono, così, anche senza soffrire la fame possiamo donare generosamente. Tuttavia, nell'offerta in sacrificio è insita la preghiera che il raccolto possa essere messo al coperto. Al di sopra del trigramma del fuoco si trova il "tuono". Possiamo realizzare più di quanto immaginiamo. Meglio non potrebbe essere. Dobbiamo solo approfittare e utilizzare il tempo, poiché il declino si avvicina.

Come talismano aiuta a:
- godere del momento favorevole e non pensare con tristezza al domani
- essere interiormente liberi da ogni preoccupazione o affanno di sorta
- realizzare grandi cose all'interno di un vero rapporto di coppia

Come amuleto protegge contro:
- l'avarizia e per questo la solitudine
- l'interesse personale
- l'impotenza

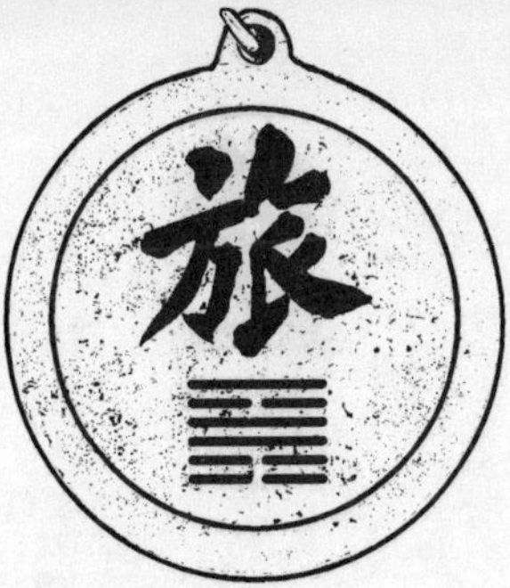

56 – LÜ – Il viaggiatore: il viaggio attraverso la vita

A sinistra una persona robusta protegge due persone alla ricerca di un ricovero (a destra) e offre loro un tetto dove ripararsi. Nel trigramma inferiore è raffigurata una montagna che si trova lì da tempi lontani. Il fuoco (trigramma superiore) splende sulla montagna solo una notte, dopodiché i viaggiatori proseguono il loro viaggio, si dividono e il viaggio prosegue. Nell'incontro successivo è possibile per alcuni motivi cambiare l'ubicazione.

Come talismano aiuta a:
- intraprendere un viaggio subito e a non procrastinarlo
- proseguire e raccogliere riconoscimenti
- chiedere aiuto con modestia e ottenerlo

Come amuleto protegge contro:
- le malattie durante i viaggi
- le possibilità di pernottamento negative e spiacevoli compagni di viaggio

58 – DUI – Il sereno: gioia e incoraggiamento

Nel simbolo grafico è possibile riconoscere la gola e la laringe. Nella parte centrale è raffigurata la bocca che parla. Nella parte superiore qualcosa viene diviso attraverso questo discorso in due parti. Da questo scaturisce gioia per i partecipanti. Quando si insiste per un proprio diritto in modo giusto, si raggiunge la cosa desiderata. Il successo e la fortuna si presentano. I trigrammi mostrano due volte il mare, che rappresenta il simbolo della serenità, esso infatti, in superficie appare cedevole ed evanescente, mentre nel profondo rimane fermo e non si lascia fuorviare.

Come talismano aiuta a:
- incoraggiare gli altri con le proprie conoscenze e con la verità
- raggiungere attraverso la consapevolezza interiore e la gioia esteriore fiducia e collaborazione
- poter scambiare con gli altri opinioni sulle cose più importanti

Come amuleto protegge contro:
- l'eccessiva allegria
- l'incoscienza
- l'intimidazione

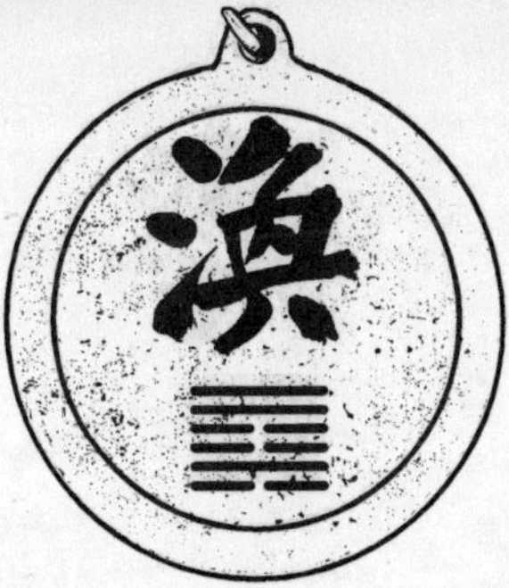

59 – HUAN – La riunificazione: la riduzione del pericolo

Su un tetto di una casa si trova un uomo a cui in basso sono rivolte due mani in aiuto. A sinistra si trova un fiume, il simbolo del fluire. L'acqua (trigramma inferiore) viene distribuita dal vento (trigramma superiore); l'inondazione ha presto fine. Insieme si può affrontare il male, per superarlo. L'unione assicura la stabilità.

Come talismano aiuta a:
- superare ora vecchie divergenze di opinione e conflitti
- esprimere liberamente delle energie a lungo represse
- riconciliarsi con i propri parenti, per ottenere forza

Come talismano protegge contro:
- l'implacabilità
- l'insensibilità a una richiesta
- la concezione che solo da soli è possibile essere forti

Correlazione: giugno

61 – DSCHUNG FU – La verità interiore

La scelta della retta via

La freccia colpisce al centro il disco, questo simboleggia l'interiorità, l'equilibrio. Immediatamente a destra è raffigurato un uccello che cova nel nido, un artiglio svolazza al di sopra del nido, per proteggere il piccolo appena nato. Fiducia reciproca e fedeltà al proprio dovere, sono questi i più alti valori morali. Sul mare (trigramma superiore) soffia il vento. Il segno rimane aperto al centro; il cuore è libero da ogni tipo di prevenzione.

Come talismano aiuta a:
- costruire rapporti significativi per la realizzazione di obiettivi comuni
- ottenere conoscenza nelle verità profonde
- condurre una vita salutare

Come amuleto protegge contro:
- l'inganno
- la carenza del senso della realtà
- lo smarrimento e l'incertezza

Correlazione: novembre

64 – WE DSI – Prima del compimento

L'incertezza scompare

Un albero molto grande cresce senza posa. Accanto scorre un fiume dove già si trova da tempo. Successivamente segue il declino. Possono ancora subentrare impedimenti e colpi mancati secondo il proverbio: non lodar il bel giorno innanzi sera. A questo punto dobbiamo stare ancora all'erta e non lasciarci andare al piacere anticipato del compimento. Il trigramma "fuoco" sul trigramma "acqua" mostra il passaggio dal caos all'ordine.

Come talismano aiuta a:
- alimentare la speranza di un lieto fine
- conservare la prudenza e la perseveranza
- rimuovere gli ostacoli mediante la riflessione prima di raggiungere l'obiettivo

Come amuleto protegge contro:
- una fine forzata
- le decisioni spontanee, non frutto di profonda riflessione
- la disperazione

Correlazione: dicembre

Zodiaco Cinese

TOPO – Guadagno
(1924, 1936, 1948, 1960, 1972, ecc.)

In questo segno grafico sono visibili ancora molto chiaramente gli incisivi dell'animale e la sua lunga coda. Il topo appare come se desiderasse aumentare i propri possedimenti e assicurare il suo benessere, poiché la paura di morire di fame e della povertà è molto grande. Ama molto il piacere e per questo è disposto a fare ogni cosa.

Come talismano aiuta a:
– avere successo nelle questioni lavorative e in politica
– sviluppare passionalità e sentimenti
– poter godere e fiutare buone opportunità

Come amuleto protegge contro:
– la fiducia cieca e incondizionata
– la loquacità
– la povertà di idee

BUE – Pazienza
(1925, 1937, 1949, 1961, 1973, ecc.)

Il bue è un ungulato ed è addomesticato dall'uomo per eseguire qualsiasi cosa. Chi possiede un bue, ottiene benessere per la sua casa e per la sua famiglia. Il bue è imperturbabile, tenace e forte. Con le sue corna rivolte verso l'alto, egli afferra e raggiunge i suoi obiettivi.

Come talismano aiuta a:
– sviluppare precisione e voglia di lavorare
– rafforzare la consapevolezza delle tradizioni
– apparire degno di fiducia e serio

Come amuleto protegge contro:
– le manie della moda
– l'infedeltà
– la povertà e l'insicurezza

TIGRE – Audacia
(1926, 1938, 1950, 1962, 1974, ecc.)

Versatile e flessibile, con un lunga coda la tigre si avvicina di soppiatto. La sua bellezza attrae tutti. Con le sue scorrerie si arroga il diritto di avere le prede tutte per sé. Per lei non vale alcuna legge umana.

Come talismano aiuta a:
- correre dei rischi e a osare qualche volta
- sperimentare l'avventura d'amore
- attrarre la fortuna

Come amuleto protegge contro:
- il pericolo in casa a causa di altre persone o della natura
- l'ingiustizia

CONIGLIO – La bellezza (1927, 1939, 1951, 1963, 1975, ecc.)

Con i suoi begli occhi grandi e con le sue graziose orecchie ci viene incontro il coniglio. Ha zampe lunghe e una coda abbastanza lunga. È silenzioso, schivo e vorrebbe essere accarezzato. Si preoccupa di se stesso e non è interessato alla miseria e alle sofferenze altrui.

Come talismano aiuta a:
- farsi benvolere dagli altri e conquistare la considerazione altrui
- attrarre amore e bellezza
- condurre una vita lenta, ma spassosa

Come amuleto protegge contro:
- l'ignoranza
- la mancanza di tatto e l'indiscrezione
- la leggerezza

DRAGO – Influenza
(1028, 1940, 1952, 1964, 1976, ecc.)

Il sole infuocato ha partorito il drago con la sua lunga coda dentellata. Perciò sputa fuoco e scivola in piacevoli movimenti ondulatori attraverso le nuvole. Egli tenta di fare buona impressione, ma talvolta non raggiunge l'obiettivo e riconosce che spesso si tratta solo di aria calda che lui emana.

Come talismano aiuta a:
- superare tutte le preoccupazioni con dinamismo
- esercitare una grande influenza
- attrarre la fortuna in amore e negli affari di cuore

Come amuleto protegge contro:
- l'ipocrisia
- le preoccupazioni economiche
- la pretesa di una costante compagnia

SERPENTE – Astuzia
(1929, 1941, 1953, 1965, 1977, ecc.)

Con il suo sguardo ipnotico il serpente attrae coloro che incontra. Attorciglia il suo corpo e la sua coda in movimenti strani e mediante questi può avvolgere e perfino soffocare. Le sue squame risplendono di colori meravigliosi e sa sempre quello che vuole.

Come talismano aiuta a:
– aumentare la forza di volontà
– favorire la grazia, l'arguzia e l'astuzia
– sviluppare l'intuizione e la perspicacia

Come amuleto protegge contro:
– la malattia e la disgrazia
– l'esitazione e la volubilità
– lo spreco e dover regalare qualcosa (soldi o compagno/a)

CAVALLO – La velocità
(1930, 1942, 1954, 1966, 1978, ecc.)

Il cavallo galoppa su quattro zoccoli, la sua chioma svolazza al vento. È flessibile e nobile, la sua intelligenza vigile. Si sente nella sua libera natura quando si può sfogare e qualcuno ripulisce la stalla e prepara per lui il cibo.

Come talismano aiuta a:
– praticare particolarmente bene una specialità sportiva
– migliorare il talento per le lingue e convincere gli interlocutori
– sviluppare spirito di indipendenza

Come amuleto protegge contro:
– l'essere malvisto
– le difficoltà economiche
– la parzialità

CAPRA – Il talento
(1931, 1943, 1955, 1967, 1979, ecc.)

Anche questo è un animale addomesticato con gli zoccoli. Le sue corna sono oblique e possono essere molto impressionanti. Con abilità salta sui recinti, le sue capriole successive non sono prevedibili. Può essere ammansita, ma è necessario sopportare il suo brontolio. Adora quando altri si assumono la responsabilità.

Come talismano aiuta a:
– ricevere dei consigli
– occuparsi di scienze occulte
– sviluppare la prontezza a soccorrere

Come amuleto protegge contro:
– i disturbi e i cambiamenti dello stile di vita
– il peso delle responsabilità
– il pensiero di possesso e la tensione verso il possesso

SCIMMIA – Umorismo
(1932, 1944, 1956, 1968, 1980, ecc.)

A gambe larghe e quasi come una persona la scimmia è seduta e si agita. I suoi movimenti sono irrequieti e i suoi interessi si rivolgono all'uno o all'altro. Tenta di tirarsi fuori da un imbroglio in modo astuto e si prende volentieri gioco degli altri.

Come talismano aiuta a:
- estrinsecare la propria voglia di sapere attraverso lo studio e la lettura
- risolvere subito problemi difficili
- comportarsi in modo diplomatico e furbo
- poter ridere dei propri errori

Come amuleto protegge contro:
- l'angoscia
- la disperazione (la difesa attraverso l'umorismo)
- la monotonia della vita

GALLO – Temerarietà
(1933, 1945, 1957, 1969, 1981, ecc.)

Con le piume rizzate e una cresta alzata si presenta il signore del pollaio. Egli saluta per primo il mattino e si dedica poi con grande attenzione alle sue attività quotidiane. Valoroso esibisce i suoi speroni e si impegola anche in una lotta; siede volentieri con i suoi polli e si vanta delle sue avventure.

Come talismano aiuta a:
- parlare liberamente di qualcosa
- agire in modo coraggioso e a essere un buon combattente
- rallegrarsi del proprio lavoro nonostante le fantasticherie

Come amuleto protegge contro:
- la pigrizia
- l'essere fanfarone
- il pallore e non essere osservato

CANE – La vigilanza
(1934, 1946, 1958, 1970, 1982, ecc.)

Vigile e con le orecchie appuntite il cane va quatto quatto per la casa. A volte caccia un ospite inatteso e lo induce a fuggire. Obbedisce pedissequamente al suo padrone, poiché vorrebbe ispirare fiducia.

Come talismano aiuta a:

– essere coraggioso e vigile
– accrescere la fedeltà e il senso del dovere
– ispirare fiducia ed essere stimato
– raggiungere i propri obiettivi attraverso la costanza

Come amuleto protegge contro:

– il tradimento e le confidenze
– l'ingiustizia
– gli impacci materiali

MAIALE – Gioia
(1935, 1947, 1959, 1971, 1983, ecc.)

Questo animale vive volentieri in stretta vicinanza con l'uomo, il quale talvolta gli accarezza la schiena. Il maiale è generoso e ama godere. Il suo motto è: vivere e lasciar vivere.

Come talismano aiuta a:
– esprimere tolleranza e diventare sensibile
– agire in modo imparziale e senza compromessi, ma in modo attendibile
– essere un felice compagno e godere la vita

Come amuleto protegge contro:
– l'inganno e il tradimento
– la prepotenza e la falsità
– la litigiosità e le discussioni

I CELTI

DIO DEL SOLE – La luce della vita

Il sole ardente era quasi in tutte le culture un uomo. Le fiamme ardono dal volto del dio del sole Sulis e hanno l'aspetto di capelli. Questa rappresentazione era il modello della nostra attuale idea del "buon Dio". Un dio padre dell'universo benevolo che è sempre il più grande e il più potente. I Druidi portavano questi ciondoli sul cuore.

Come talismano aiuta a:
- provare la gioia di vivere
- ottenere fiducia in se stessi
- mantenere un temperamento solare

Come amuleto protegge contro:
- l'impotenza fisica e psichica

RUOTA CELTICA – Forza spirituale

La ruota celtica è una delle immagini primordiali del mondo e del cerchio del mondo. Troviamo questo simbolismo anche nella ruota di medicina delle stirpi indiane nordamericane. La ruota rappresenta l'infinito senza inizio e senza fine. La croce simboleggia il mondo visibile; i suoi quattro punti cardinali, i quattro elementi, le quattro ore della giornata, le quattro fasi lunari, le quattro stagioni. Il quattro è un numero che indica stabilità, equilibrio perenne. Al centro della ruota è raffigurata la forza primordiale, dalla quale si sprigiona la forza della vita e dello spirito nel mondo.

Come talismano aiuta a:

- accogliere la forza spirituale dalle origini
- sviluppare fermezza in ogni attività
- esprimere la propria reazione in tutte le direzioni
- intraprendere la strada della saggezza e del riconoscimento di se stessi

NODO PITTICO – (Valknutr) – Eterno mutamento

Il nodo del predestinato personifica i nove mondi dei tre settori. Questi sono eternamente uniti ed esprimono le forze eterne dell'universo: la nascita – il trascorrere del tempo – il nuovo inizio. Questo ciondolo viene portato come amuleto.

Come amuleto protegge contro:
- i motivi infimi
- gli insuccessi nell'esercizio di riti magici, nei quali si richiamano forze divine
- i pericoli in generale

TRISKEL (tre vortici) – Abnegazione

Si tratta di nuovo di un simbolo tripartito, in cui all'interno dei suoi tre vortici sono contenuti piccoli vortici. È la ruota danzante della creazione, con la sua energia vorticosa che istilla vita in tutte le cose. Gli antichi Celti utilizzavano questo simbolo come protezione contro la sfortuna e per allontanare completamente ogni forma di negatività.

Come talismano aiuta a:
- soddisfare un desiderio intimo
- promuovere la saggezza interiore e l'abnegazione alla vita
- cambiare completamente sia dal punto di vista fisico che spirituale

NODO CELTICO TRIANGOLARE – Ispirazione

Anche questo nodo mostra che i Celti non esprimevano idee religiose attraverso delle immagini. I loro riconoscimenti, sentiti profondamente, erano rappresentati in figure geometriche, come nodi, spirali e labirinti. Anche in questo caso si tratta di un simbolo tripartito che simboleggia la congiunzione del corpo, dello spirito e dell'anima. Gli annodamenti vengono considerati come intrecci nel viaggio attraverso la vita.

Come talismano aiuta a:
- sviluppare l'intuizione
- ascoltare attentamente le ispirazioni
- collegare l'interiorità con l'esteriorità

Come amuleto protegge contro:
- una condotta di vita limitata
- la mancanza di fantasia
- la concezione secondo la quale la vita sarebbe una strada dritta

NODO CELTICO CON TRE CAVALLI – La forza

Il cavallo nella tradizione celtica è uno degli animali più importanti. Appartiene alla Dea Epona ed è il simbolo della forza, della costanza e della bellezza. La disposizione tripartita esprime il fatto che il corpo, la mente e lo spirito si trovano in armonia. Indica anche la triplice natura del divino. Il nodo raffigurato era portato in maniera privilegiata dai guerrieri, spesso come protezione in battaglia.

Come talismano aiuta a:
- comportarsi valorosamente in battaglia (nel lavoro, nelle discussioni)
- rimanere in armonia del corpo, della mente e dell'anima
- costruire consapevolmente la propria quotidianità
- trovarsi in armonia con il divino

Come amuleto protegge contro:
- la mancanza di equilibrio
- lo scoraggiamento
- la codardia

NODO CELTICO QUADRUPLO – Intuizione

Questi nodi mostrano l'intreccio dell'universo. Tutto è strettamente correlato, anche se questo non sempre è palese. Sentieri intrecciati devono essere percorsi, per comprendere il mondo del corpo e dello spirito. Presso i Celti il numero quattro era un raddoppiamento del numero due e, pertanto, "lunare" (cioè legato alla luna). Esso mostra anche l'estensione dello spazio. È visibile molto bene in entrambe le raffigurazioni, nelle quali emergono i relativi quattro angoli al di sopra della ruota della vita. Il talismano di sinistra mostra le spire dell'inconscio, che si esprimono sotto forma di intuizione. L'immagine a destra rappresenta la forza della vita, che irradia dal centro verso il mondo esterno, dove viene percepita come forte influsso.

Come talismano aiuta a:

- sviluppare l'intuizione (a sinistra)
- mostrare il proprio essere con tutta la forza (a destra)

CERCHI CON I NODI CELTICI
– L'amore e l'amicizia

Entrambi i cerchi sono associati alla luna, cioè all'inconscio. Essi sono basati sul numero due e per questo motivo fanno riferimento alla dualità, cioè ai sentimenti e alla passionalità. Entrambi hanno lo stesso effetto.

Come talismano aiuta a:
- attrarre l'amore e a irradiarlo
- diventare un tutt'uno con la persona amata
- stringere rapporti di amicizia e scambiarsi sentimenti profondi.

CERCHI AD ANELLI
– Il tempo e l'infinito

È raffigurato in questo caso di nuovo la ruota della vita con dei motivi intrecciati. Il simbolismo dell'anello è evidente: si tratta dell'eternità, che non ha inizio e non ha fine. L'immagine raffigurata a sinistra rafforza questo concetto attraverso cerchi intrecciati, che non presentano né l'inizio né la fine, sebbene essi sottolineino i quattro punti cardinali. Questo significa che il nostro mondo, nonostante sia comprensibile, appartiene all'infinità. L'immagine a destra rappresenta un cerchio liscio, ornato con forme intrecciate internamente, che simboleggia la perfezione e l'unità con tutto l'essere.

Come talismano aiuta a:
- prendersi del tempo
- congiungersi con la propria anima
- liberarsi

Come amuleto protegge contro:
- i cattivi spiriti e demoni
- le difficoltà

CROCI CELTICHE – Il coraggio e la fiducia

Le croci celtiche rappresentano un collegamento tra la fede celtica e quella cristiana. Al centro e a destra è raffigurata la tipica croce celtica: una croce cristiana, circondata da una croce che personifica la ruota del sole. Con questo i Celti costituivano un rapporto tra la loro vecchia religione e quella nuova. La ruota del sole simboleggia la salute, il valore e la sicurezza in se stessi, la croce, invece, l'aiuto dell'angelo custode. La croce a sinistra è rimasta ancora nella tradizione degli antichi Celti. Presenta braccia uguali e modelli intrecciati che si incontrano nella parte mediana che significa l'accordo del sé equilibrato con l'intero creato. La croce rappresenta anche un incrocio di un percorso, il punto degli incontri magici. Gli sciamani celtici portavano questo amuleto per entrare in contatto con il mondo misterioso dell'aldilà e viaggiare tra questo e l'altro mondo senza pericolo.

Come talismano aiuta a:
- conquistare una salute robusta e mantenerla
- promuovere il coraggio e la sicurezza in se stessi
- recarsi in mondi soprannaturali

Come amuleto protegge contro:
- i pericoli per i viaggi fisici e spirituali
- il cedimento nei litigi

CUORE CON IL NODO CELTICO – L'amore

Qui è raffigurato il simbolo del cuore dell'appartenenza e dell'amore per l'altro combinato con un nodo celtico intrecciato. Le linee simboleggiano il viaggio attraverso la vita, ma anche l'unione dell'amante (il vincolo d'amore), nonostante gli intrecci che la vita presenta.

Come talismano aiuta a:
- attrarre l'amore
- diventare uniti nell'amore nei confronti di un'altra persona
- superare insieme tutte le difficoltà

CANE SHEIAH – La protezione

Presso i Celti i cani erano importanti compagni di strada. Il cane Sheiah veniva utilizzato come guardiano dei segreti degli antichi Druidi e maghi. Procede, ma guarda indietro. Con questo comportamento egli mostra che i segreti del passato contribuiscono allo sviluppo del futuro.

Come talismano aiuta a:
– sviluppare e accrescere la personalità
– scovare i segreti dei tempi antichi e svelarli

Come amuleto protegge contro:
– i pericoli in generale

RUNE

FEHU – Animali – Il possesso

La runa rappresenta le corna del bue. Come prima runa ci unisce con il possesso e la materia nel senso profano e in quello divino. Per questo entrambe le barre oblique rivolte verso l'alto possono significare le braccia rivolte verso il cielo.

Come talismano aiuta a:

- rafforzare le forze fisiche e la fertilità
- accendere il fuoco di ogni genere, ad esempio, il fuoco di campo e il fuoco dell'amore
- attrarre la ricchezza, ma solo quando la runa viene invocata con moderazione

Come amuleto protegge contro:

- la miseria
- l'incapacità di procreare
- la debolezza

URUZ – Uro – La forza

Anche questa seconda runa rappresenta un bue. È possibile riconoscere qui com'era importante il patrimonio zootecnico presso i nostri antenati. Questo animale, l'uro, rappresenta l'aspetto selvaggio non addomesticato del potere. Quando corre fa tremare la terra, quando viene ucciso non si soffre la fame per un inverno intero.

Come talismano aiuta a:
- salvaguardare la salute fisica, spirituale e dell'anima attraverso lo sforzo di volontà anche quella degli altri
- attrarre circostanze esterne favorevoli
- riconoscere le concatenazioni tra le cose e ricavarne saggezza

Come amuleto protegge contro:
- la carestia e la povertà spirituale
- l'anemia

THURISAZ – Spina – La pazienza

La spina di un ramo serve come protezione contro gli attacchi cattivi e ostili. La runa rappresenta anche il lampo e il tuono e viene associata al martello di Thor, il protettore degli uomini. È la spina del pesce che scuote. Si tratta di forze al lavoro che non è possibile influenzare mediante atti esterni, ma solo attraverso l'attesa e procedendo in modo ponderato.

Come talismano aiuta a:
- svegliarsi e fronteggiare armati un qualsiasi attacco
- difendersi e mettere in fuga il nemico
- ravvivare i rapporti d'amore

Come amuleto protegge contro:
- la vigliaccheria
- la procrastinazione di colloqui chiarificatori
- la rimozione

ANSUZ – Dio (Ase) – Lo scambio

Come due braccia stese che vogliono afferrare quelle dell'altro, sono rappresentati entrambi i rami obliqui della runa Ansuz. Essi esprimono la voglia di uno scambio spirituale e di una mutua comprensione. Grazie a questa runa è possibile ottenere il potere sulla lingua e colmare le parole di forza e valore divino.

Come talismano aiuta a:
- liberarsi dai meandri delle proprie paure
- accrescere le capacità magiche e di chiaroveggenza
- sviluppare forza di persuasione

Come amuleto protegge contro:
- la morte e la paura
- la lontananza e la separazione dalla coscienza divina
- gli intrighi e le diffamazioni

RAIDHO – Macchina – L'unione

La runa mostra una strada dritta e una deviazione. Indipendentemente dalla strada che si sceglie, si giunge sempre allo stesso punto. Per questo la runa è associata anche al movimento. Essa rappresenta l'accordo tra il cielo e la terra, dell'io e del tu.

Come talismano aiuta a:
– entrare nel "mondo interiore"
– ascoltare il ritmo interiore e seguirlo
– sostenere udienze in tribunale o processi

Come amuleto protegge contro:
– i pericoli nei viaggi
– il caos
– l'ingiustizia

KENAZ – Fiaccola – La speranza

Questa runa si apre come un camino. Il suo fuoco divampa verso l'esterno, ma viene controllato. Il nome Kenaz è costituito da kin = la fiaccola di legno resinoso, con la quale attizzare il fuoco, riscaldare e illuminare tutto.

Come talismano aiuta a:
- trasformarsi e rinnovarsi
- controllare le proprie energie
- alimentare la voglia di amare

Come amuleto protegge contro:
- le influenze sfavorevoli
- l'incendio e il fuoco
- le infiammazioni e le ulcere

GEBO – Regalo – Gemellaggio

Due aste incrociate mostrano l'incontro di due unità. Ciascuna dà all'altra qualcosa. Proprio attraverso il donare si costituisce un tutto nuovo, come per la costruzione di una casa, dove numerosi elementi diversi determinano un'unità. La runa può essere anche vista nel seguente modo: un angolo superiore e uno inferiore si uniscono e si scambiano qualcosa.

Come talismano aiuta a:
- essere generosi
- ricevere un regalo da Dio
- raggiungere l'unione nell'amore

Come amuleto protegge contro:
- l'avarizia
- la lite tra gli spiriti e i vivi
- la mancanza di riconoscenza per aver ricevuto un regalo

WUNJO – Allegria – La gioia

Questa runa appare come un gagliardetto o una bandiera di un clan. Indica un sentimento di appartenenza anche quando i singoli membri del gruppo sono differenti. Nel sentimento di appartenenza e della fiducia reciproca sono insite la fortuna e la gioia.

Come talismano aiuta a:
- sentirsi bene come individuo in un team
- sperimentare la fortuna e il benessere
- potersi fidare degli amici

Come amuleto protegge contro:
- la codardia
- l'allontanamento
- l'infelicità

HAGAL – Grandine – La forza elementare

La runa si trova al nono posto e porta il segno più santo e misterioso: il numero della perfezione, che conduce all'ampliamento del potere e dell'efficienza. Il ripiegamento interiore ha una successiva conseguenza esterna rafforzata. Le due aste lunghe della runa provengono da un blocco e per questo mantengono il loro equilibrio.

Come talismano aiuta a:
- difendersi attivamente
- chiudere e proteggere degli spazi
- ricostruire il proprio equilibrio

Come amuleto protegge contro:
- le aggressioni e le disgrazie
- le distruzioni mediante eventi atmosferici
- tutto, si tratta della runa protettrice

NAUDIZ – Necessità – Il dolore

Qui urge il bisogno. Qualcosa va storto. È necessario un cambiamento, per poter mutare il proprio destino. Non dobbiamo sempre soffrire, subire e sopportare gli eventi, ma possiamo agire in prima persona e afferrare il nostro destino per guidarlo; con due bastoni possiamo attizzare un fuoco e lenire le nostre sofferenze.

Come talismano aiuta a:
- superare il dolore
- coltivare la ricchezza dell'immaginazione
- appianare le liti e l'odio

Come amuleto protegge contro:
- lo scoraggiamento
- la mancanza di consolazione
- la dipendenza

ISA – Ghiaccio – La quiete

La runa mostra l'individuo imperturbabile, che sa essere rigido, ma anche autonomo. Si tratta del numero uno romano, l'unico, e l'inglese "I" = IO. Questa runa rappresenta la concentrazione delle forze e la forza di volontà. È l'asse centrale attraverso cui il cielo, la terra e la natura sono collegati e costituiscono un tutt'uno.

Come talismano aiuta a:
- acquisire tranquillità per poter ripensare a quanto accaduto
- sviluppare poteri telepatici e violare i livelli cosmici con mezzi sciamanici
- favorire la linearità

Come amuleto protegge contro:
- gli influssi paralizzanti
- l'agitazione interiore ed esteriore
- le forze indesiderate

JERA – Anno – Il raccolto

Il cielo e la terra sono uniti in matrimonio. Da questo evento scaturisce la semina, che favorisce il raccolto dopo la crescita. La dodicesima runa personifica la dodicesima parte dell'anno solare. Entrambe le figure della runa, di pari grandezza, rappresentano l'azione del dare e quella del prendere, il giusto scambio e la ricompensa.

Come talismano aiuta a:
– mettere al coperto un buon raccolto e far riuscire qualsiasi iniziativa
– riconoscere il ciclo della vita e fluire con esso
– creare pace e armonia

Come amuleto protegge contro:
– la difficoltà nel corso di appuntamenti
– la sterilità
– le annate cattive del raccolto o gli insuccessi

EIWAZ – Tasso – La difesa

Il tasso ampio e vigoroso ci offre la sua ombra e mentre noi ci poniamo su altri livelli della realtà, il tasso è sempre ancorato con le radici al suolo, per rimanere così ancora per molti secoli. Da lui possiamo apprendere la costanza e la previsione, la forza e la condiscendenza. Il legno del tasso è duro, tuttavia, si può piegare, in modo da creare un legno ad arco. Con questo strumento il tasso entra in contatto con la morte, che a noi esseri umani porta la vita, perché dall'animale cacciato e ucciso possiamo trarre fonte di sostentamento.

Come talismano aiuta a:
- comprendere il regno dell'aldilà
- diventare consapevoli del proprio albero genealogico
- accrescere la costanza e rafforzare la forza di volontà

Come amuleto protegge contro:
- la paura della morte
- l'inganno, l'imbroglio, l'infatuazione
- l'influsso indesiderato, distruttivo

PERTHRO – Bussolotto – L'iniziazione

Un calice si rovescia e scuote i dadi che decidono della nostra fortuna e del nostro destino. L'oracolo ci fornisce informazioni su vicende passate, presenti e future. Grazie a esso, conosciamo il fluire del tempo e la legge di causa ed effetto.

Come talismano aiuta a:
- conoscere la propria determinazione
- trovare il momento propizio per intraprendere qualcosa
- nei giochi di fortuna

Come amuleto protegge contro:
- la perdita al gioco
- la mancanza di responsabilità
- le difficoltà di parto

ALGIZ – Alce – La protezione

In questa runa è possibile riconoscere la forma delle corna dell'alce. Queste servono come protezione e difesa per lui, per tutta la sua famiglia e per il suo territorio. Qui è anche raffigurata la zampa della cornacchia e così diventa un ponte tra i vari mondi.

Come talismano aiuta a:
- difendersi e proteggersi
- comprendere gli spiriti
- rafforzare la forza vitale

Come amuleto protegge contro:
- l'indebolimento del sistema immunitario
- il pericolo nella lotta per la vita
- la paura dell'ignoto

SOWILO – Sole – La ruota del sole

Questa runa appare come un fulmine o un raggio di sole abbagliante. È qui rappresentata anche una parte della ruota del sole, che è in continuo movimento. La forza splendente del sole arriva fin qui e ci dà la sua energia, affinché possiamo godercela estatici.

Come talismano aiuta a:
- risvegliare i Chakra
- rafforzare la volontà più nobile e la forza vitale
- avere successo, riportare guadagni e gloriose vittorie

Come amuleto protegge contro:
- il blocco dell'energia
- la ritrosia
- l'oscurità interiore

TIWAZ – Dio Tyr – La giustizia

La runa si presenta come una freccia lanciata verso l'alto. La freccia raggiunge l'obiettivo mirato solo quando è equilibrata e la sua punta non è storta. Allo stesso modo, cioè diretti e decisi, dovremmo puntare ai nostri obiettivi e raggiungerli, senza esitazione alcuna. La runa è anche una runa protettrice contro ogni cosa: il nome del Dio Tyr in francese è "tirer" = tirare.

Come talismano aiuta a:
- ottenere ordine spirituale interiore e sviluppare la forza della fede
- concludere questioni legali con successo
- sacrificarsi per il successo del gruppo

Come amuleto protegge contro:
- la flessione del diritto
- la tenacia scrupolosa
- una lunga attesa e un lungo indugio

BERKANA – Betulla – La crescita

Questa runa rappresenta il seno di una madre che allatta. Naturalmente rievoca alla mente anche la lettera "B" dell'alfabeto. Il neonato al seno della madre si sente protetto, al sicuro e caldo. Berkana significa betulla, infatti, le culle, in genere, sono costruite in legno di betulla. Questa runa occupa il diciottesimo posto, e indica il grande mistero della nascita e della rinascita.

Come talismano aiuta a:
- provare la sicurezza e l'antica fiducia
- far crescere tutto gradualmente
- mettere in atto il processo della creazione

Come amuleto protegge contro:
- gli incidenti
- i parti difficili
- le malattie femminili e la femminilità repressa

EHWAZ – Cavallo – Il movimento

La runa può significare due uomini uguali che si tendono le mani a vicenda; ma può anche simboleggiare un cavallo, sul cui dorso è possibile cavalcare. Talvolta, la runa viene anche interpretata come due cavalli, l'uno posto di fronte all'altro, poiché nel pensiero germanico la struttura del potere veniva espressa con due cavalli. Il cavallo e l'uomo sono strettamente correlati l'uno all'altro.

Come talismano aiuta a:
– favorire la comunanza
– intraprendere viaggi attraverso il mondo terreno e il mondo ultraterreno
– assicurare la fedeltà e l'attendibilità

Come amuleto protegge contro:
– l'isolamento
– le lotte per il potere
– il rifiuto del mondo ultraterreno

MANNAZ – Uomo – Il Sé

Due persone sono legate da un profondo rapporto, o una persona con il suo antenato divino. Viene qui rappresentata la persona realizzata, quella che unisce e armonizza in sé il lato femminile e quello maschile.

Come talismano aiuta a:

– sviluppare e a mostrare l'umanità
– chiarire il pensiero e a migliorarlo
– unirsi con amore

Come amuleto protegge contro:

– la percezione limitata di se stessi
– la separazione e l'allontanamento dall'unione con Dio
– la crudeltà e il godere delle sofferenze altrui

LAGUZ – Acqua, Aglio – Fluire

Lo stelo dell'aglio maturo si innalza dal suolo e ci invita a ricorrere alla disciplina della magia delle erbe. L'aglio era il corrispettivo germano-celtico dell'alloro dei Romani: un giovane guerriero otteneva l'alloro lucente, dopo essersi distinto in battaglia. La runa può anche rappresentare una fontana d'acqua; in questo caso simboleggia la fonte nascosta della vita di tutti.

Come talismano aiuta a:
- essere fertili e ottenere la forza vitale
- sostenere esami difficili
- viaggiare in modo sicuro e tranquillo

Come amuleto protegge contro:
- le disgrazie e gli avvelenamenti
- la codardia e il tradimento
- gli irrigidimenti
- il pericolo di un naufragio

INGWAZ – Ing del dio eroe – L'uovo

Le quattro pareti della runa circondano uno spazio protetto nel quale può svilupparsi qualcosa con tranquillità, come si evolve il processo di maturazione di un uovo dopo la fecondazione. L'uovo rappresenta anche nutrimento ed energia che viene contenuta, per poi esplodere violentemente in primavera. Si pensi all'uovo pasquale.

Come talismano aiuta a:
- sviluppare nuova forza mediante la tranquillità e il ripiegamento
- affrontare il periodo della gravidanza
- liberare improvvisamente delle energie; rompere il guscio

Come amuleto protegge contro:
- l'attacco distruttivo
- la perdita di forza
- l'avventatezza e l'attività eccessiva

DAGAZ – Il giorno – Crepuscolo

Un nuovo giorno è al crepuscolo: la luce penetra nel buio. Forse Venere splende nel cielo come stella del mattino. Si "rischiara" per noi, in questo momento mistico diventa chiaro quali ideali e sogni perseguiamo.

Come talismano aiuta a:

- penetrare il crepuscolo
- percepire l'ambiente e il suo influsso
- accrescere la perseveranza e la costanza, quando si desidera raggiungere importanti scopi

Come amuleto protegge contro:

- la grettezza
- la disattenzione
- le condizioni ambientali sfavorevoli

OHTALA – Patria – L'eredità

La runa rappresenta lo spazio protetto (vedere INGWAZ), com'è in correlazione con l'ambiente. L'uovo è dischiuso e l'adolescente può comunicare con l'esterno sotto la protezione della propria abitazione. Il benessere materiale può essere ampliato attraverso la delimitazione stabilita.

Come talismano aiuta a:
- riconoscere la propria patria
- consolidare il possedimento ereditato e lasciare in eredità
- ottenere libertà umana in una società regolata dalla legge
- moltiplicare la ricchezza e il benessere

Come amuleto protegge contro:
- il modo di pensare e il comportamento egoistico
- lo sradicamento
- la sensazione di non sentirsi mai a casa propria

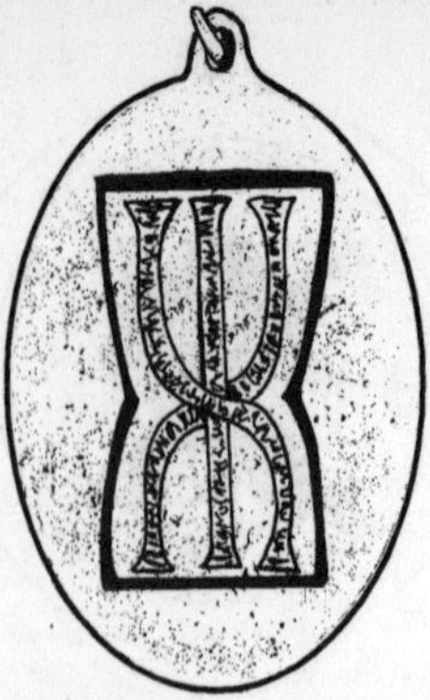

SCETTRO DI THOR
– Possesso e guadagno
La runa del benessere

Presso i Vichinghi non veniva utilizzato solo l'alfabeto runico. Sono presenti ancora numerosi segni runici che possedevano poteri magici. La runa raffigurata a sinistra rappresenta lo scettro del potente dio del tuono, Thor, e mostra tre lampi intrecciati. Questi simboleggiano gli intrecci del destino.
Questo segno runico è un amuleto protettivo molto potente. Fu introdotto per proteggere le proprietà e metterle al sicuro da furti e da altre disavventure.

Come talismano aiuta a:
- assicurare il benessere
- proteggere la proprietà in modo efficace

Come amuleto protegge contro:
- la gelosia e l'invidia altrui
- la rapina e le catastrofi naturali

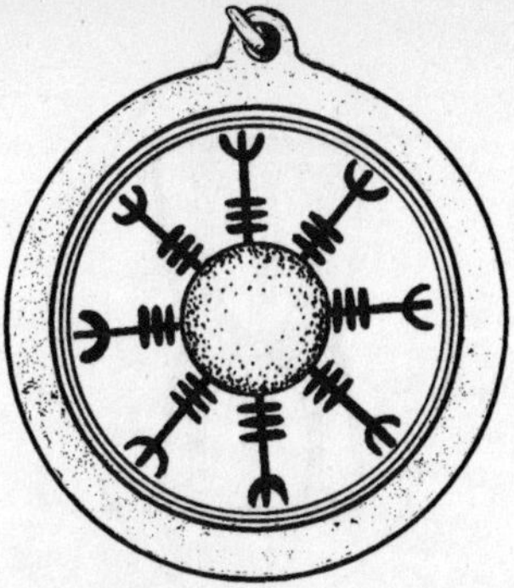

RUNA DELL'IRRESISTIBILITÀ
– Attrazione e vittoria

Da un mozzo della ruota, che rappresenta una runa protettiva, dipartono otto raggi, che simboleggiano la forza. I raggi terminano con il motivo delle corna dell'alce, a cui corrisponde la runa Algiz. Ciascun raggio viene incrociato da tre trattini. Questi ventiquattro trattini indicano il circolo runico protettore. Si tratta di un simbolo runico composto, che da un lato protegge colui che lo porta, ma dall'altro emana una forza sconvolgente attraverso l'ordinamento radiale. I capi di un tempo erano soliti portare questa runa, per piegare gli altri alla loro volontà.

Come talismano aiuta a:
- essere irresistibili nella lotta, nella vita sociale e nell'amore
- sviluppare una grande influenza

Come amuleto protegge contro:
- la sottomissione
- l'esistenza oscura

Medioevo

UOMO VERDE – L'ecologista

L'uomo verde rappresenta l'ecologista dell'antica Europa. È un antico simbolo relativo al nostro collegamento con la terra. L'uomo verde è anche noto come Cernunnos (celtico). Spesso il viso dell'uomo verde è visibile anche sui capitelli delle chiese medioevali, poiché è uno spirito tutelare. Viene paragonato alla quercia. Un precursore dell'uomo verde può essere ravvisato nella figura del Dio greco Pan, il caparbio.

Come talismano aiuta a:
– proteggere la natura e l'ambiente
– riconciliarsi con la natura
– osservare gli animali nella libera riserva di caccia

Come amuleto protegge contro:
– lo smarrimento nella natura libera
– le belve feroci

SPADA DI DAVIDE – La giustizia

Dai tempi del re Davide la spada è sempre stato un amuleto potente: da un lato, come vera spada da combattimento, dall'altro, come ciondolo. La spada simboleggia il combattimento della giustizia contro l'ignoranza. Il giusto osserva sempre entrambi gli aspetti di una cosa prima di potersi decidere. Questo gli conferisce dignità naturale e autorità.

Come talismano aiuta a:
- esercitare la giustizia ed essere imperturbabile
- garantire una questione con coraggio e autorità

Come amuleto protegge contro:
- tutti i tipi di preoccupazioni, sofferenze e dolori
- i nemici dichiarati e i complotti
- l'ingiustizia

ABRACADABRA – La fortuna inattesa

Si tratta di uno dei più famosi amuleti della storia. Per la prima volta Abracadabra è stato citato nel III sec. nel *liber medicinalis* di *Quintus Serenus,* al verso 935 e segg. In questa parola si ritrova il rapporto della parola celtica *abra* = Dio e *cad* = santo. Nel Medioevo veniva utilizzata come parola magica. Le undici righe o lettere della parola si riferiscono alla legge divina. Per conferire potere all'amuleto, è necessario che la parola sia scritta in un modo particolare, cioè nello schema decrescente descritto nell'illustrazione. Attraverso le lettere di ciascuna riga, che sono quasi in disuso, la lettera A, la legge di Dio, viene portata sulla terra. A è il suono originario e, in quanto tale, rappresenta l'alito divino, che spira su tutti.

Come talismano aiuta a:
- ottenere i poteri magici
- attrarre la fortuna inattesa
- far "decrescere" le malattie attraverso lo schema decrescente

Come amuleto protegge contro:
- l'ingiustizia e le azioni malvagie

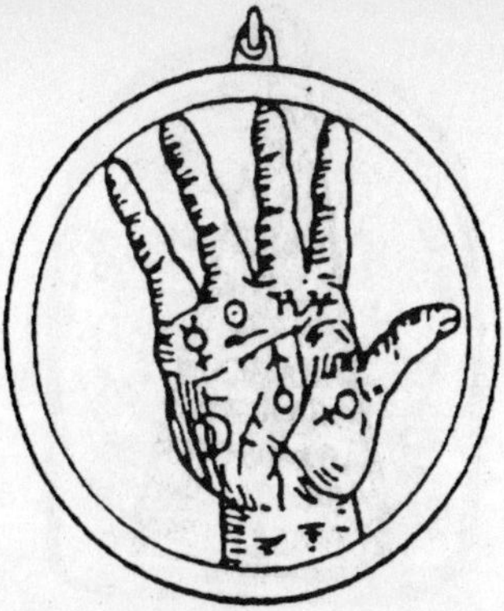

MANO DELLA FORTUNA
– La gioia

Le mani della fortuna sono presenti in molte realizzazioni. Su questo amuleto i simboli dei pianeti sono associati alle linee della mano. Nell'antica Babilonia la mano destra era attribuita alla dea Venere. La mano distesa è stata sempre rappresentata fin dai tempi dell'antico Egitto, sia nella forma naturale, che in quella stilizzata. Era ampiamente diffusa nell'antichità e nel Medioevo. Il significato consiste nel fatto che, il possessore di questa mano, tiene sempre la fortuna tra le sue mani o grazie alle sue mani può riportare successi nel lavoro. Possiamo riconoscere anche nella mano allargata un gesto molto naturale di protezione e il rifiuto contro l'aggressione fisica. Nell'amuleto questo gesto viene metaforicamente introdotto per la difesa contro l'attacco spirituale.

Come talismano aiuta a:
– aprire la porta alle grandi opportunità
– favorire la fortuna e la gioia

Come amuleto protegge contro:
– le aggressioni occulte e le disgrazie di ogni tipo

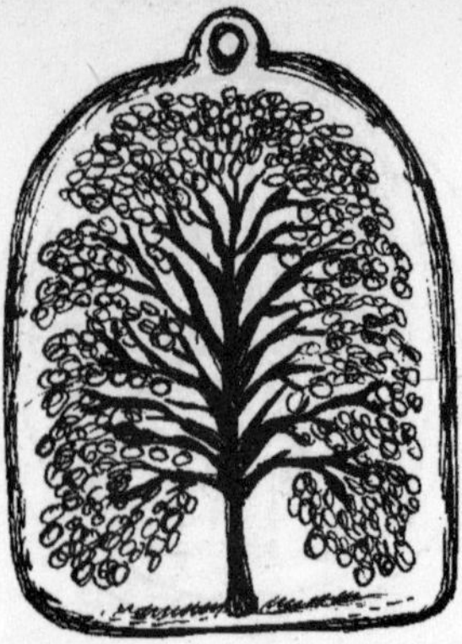

ALBERO DELLA VITA – La crescita

In molte culture l'albero del mondo è un simbolo comune. L'albero unisce il cielo e la terra. In tutte le comunità umane l'albero occupa un posto particolare. I Druidi, i Babilonesi, gli Ebrei, i Norvegesi, i Greci, i Cinesi e molti altri raccontano miti sull'"albero della vita". Viene considerato il simbolo della crescita, della guarigione e dell'età della vita. Gli alberi rappresentano le capacità magiche della natura.

Come talismano aiuta a:

– colmare la crescita interiore ed esteriore con la forza
– guarire, nella misura in cui ci si unisce agli alberi e si riceve da essi vigore
– raggiungere un'età avanzata

Come amuleto protegge contro:

– lo sradicamento
– i disturbi della crescita

UOVO COSMICO – L'infinità

Il simbolo dell'uovo cosmico esprime la nascita di tutto dal grande niente. Nelle antiche culture questo simbolo veniva ampiamente utilizzato. L'uovo qui rappresentato nasconde tutte le lettere e i numeri arabi e questo significa che sono contenute tutte le cose create. All'inizio tutte le cose costituivano un uno e da questa unità è scaturita la molteplicità.

Come talismano aiuta a:

- osservare la creazione come opera d'arte totale
- riconoscere la totalità nelle parti della creazione
- considerare ogni parte della creazione come completa
- conoscere tutto in relazione a una parte della creazione
- riconoscere la verità infinita
- sviluppare l'umiltà e la modestia

Questo talismano e i seguenti otto talismani magici provengono originariamente dalla Polonia. I simboli si trovavano sulla cintura magica di un cavaliere. La cintura è ora custodita nel museo di Varsavia. Tali raffigurazioni erano indossate dai cavalieri del Medioevo come amuleti e talismani intorno al collo, alle cinture o in alcuni punti dell'armatura, per avere un effetto particolare, come viene descritto nelle singole raffigurazioni.

RISOLUTEZZA

Otto raggi ruotano intorno a un punto centrale. Il numero otto si riferisce all'infinità e alla fiducia in Dio. Due raggi appuntiti sono rivolti verso l'alto. I raggi sono robusti. Questa stabilità deve essere trasmessa a colui che porta il simbolo. L'insicurezza deve essere combattuta mediante le punte.

Come talismano aiuta a:
- vincere l'insicurezza
- puntare con decisione e risolutezza ai propri obiettivi
- superare le debolezze spirituali

DETERMINAZIONE

Su questo ciondolo è raffigurata una croce che indica i quattro punti cardinali. Nel suo punto superiore viene incrociato ancora una volta, in modo da raffigurare la croce di Cristo. La trave porta a sinistra le radici e a destra la chioma dell'albero. Esso illustra la superficie terrestre. Sull'asse del mondo è situato un globo imperiale che simboleggia l'unificazione del divino e dell'umano. Nel quadrante in basso a sinistra è posto un segno magico, che stimola colui che lo porta. Nel quadrante destro in basso si trova, invece, un chiodo da maniscalco, che esprime solidità e fermezza.

Come talismano aiuta a:
– sviluppare risolutezza
– passare velocemente all'azione a favore di Dio e degli uomini
– riconoscere il proprio destino e a seguirlo con risolutezza.

SALUTE

In questo ciondolo è possibile riconoscere che il cavaliere che lo indossava aveva partecipato alle crociate. Il cerchio è suddiviso da un ulteriore cerchio in quattro quadranti e ha al centro un cerchio diviso in quattro sezioni, in cui si trovano le lettere ARAF. Araf è il purgatorio degli islamiti, che si suppone si trovi sotto le rocce della moschea di Omer a Gerusalemme. Le anime entrano e attendono lì il giudizio universale. A sinistra sono visibili i crociati, che si trovano al di fuori del purgatorio. A destra è raffigurato il simbolo di Saturno o un serpente, ciò significa che i cavalieri vanno al di là del peccato. Sulla parte superiore della superficie si trova una croce, che rappresenta la terra. L'asta superiore della grande croce della natura forma un viticcio (=vita).

Come talismano aiuta a:
- stare in buona salute
- conservare costante forza vitale
- ottenere consapevolezza di se stessi

BRAMOSIA

Su questo amuleto sono raffigurati di nuovo otto raggi, un riferimento all'infinito potere di Dio. La traversa, che raffigura l'orizzonte umano, viene incrociata a sinistra da tre barre verticali. Il numero tre è il simbolo della trinità che agisce all'esterno nel mondo superiore e all'interno nel mondo inferiore. A destra è raffigurato lo stesso simbolo dei mondi, ma con i segni grafici TR, che rimandano alla parola Trisagion (= tre volte santo). Le lettere A e M significano Anno Mundi, che vuol dire, "dall'inizio del mondo". Tutto deve comunicare che Dio nella sua forma trina di Padre, Figlio e Spirito Santo veglia su colui che lo porta.

Come amuleto protegge contro:
- le cattive abitudini
- i problemi spirituali e i pensieri disonesti
- le manie di ogni genere

AMORE

Nella raffigurazione è visibile al centro un quadrato che è posto sulla punta e viene diviso da una croce. Disegnato in questo modo, simboleggia “il verbo” (di Dio). I nomi dei quattro Evangelisti sono scritti lungo la circonferenza e questo rappresenta un sostegno alla parola scritta di Dio nel nostro mondo.

Come talismano aiuta a:
– vincere il cuore di una persona amata
– portare in sé l’amore di Dio

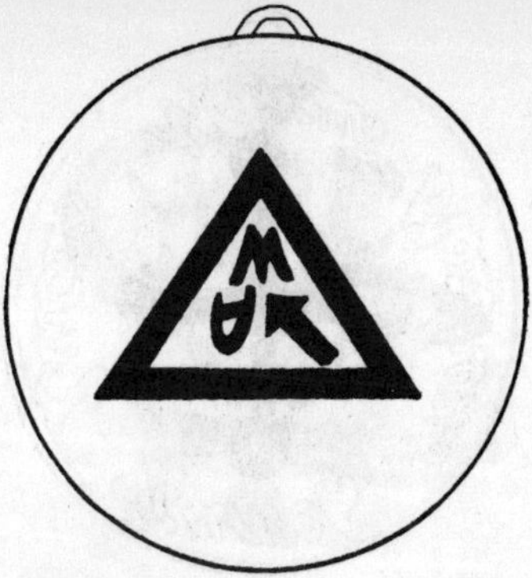

SICUREZZA DI SÉ

Un triangolo con la punta rivolta verso l'alto posto in un cerchio descrive l'uomo proteso verso Dio. In ciascuno dei tre angoli è disegnato qualcosa: A (capovolta) e M significano Anno Mundi, cioè "dall'inizio del mondo". La freccia significa la tenacia nei propositi che riguardano l'interiorità dell'uomo. Tutto il lavoro o le attività svolte da colui che porta questo ciondolo, saranno sotto la benedizione di Dio.

Come talismano aiuta a:
- ottenere successo nel lavoro
- conseguire sicurezza
- raggiungere la consapevolezza che il lavoro è sotto la benedizione di Dio

SENTIMENTI

La spada del cavaliere viene stretta in un torneo o prima della battaglia dal nastro dell'amata che significa promessa. L'iniziale del cavaliere è incorniciata da questo nastro. Non può più sfuggire al suo vincolo d'amore. La donna non è ancora direttamente coinvolta, tuttavia, conosce il potere esercitato sul cavaliere. Se egli uscirà vittorioso dal combattimento, gli apparterrà per sempre.

Come talismano aiuta a:
- essere costante nei propri sentimenti
- raggiungere la felicità in amore
- coltivare un rapporto di amicizia duraturo

Come amuleto protegge contro:
- l'infedeltà
- la volubilità
- i dubbi sulla persona amata

LEGAME

Il pentagramma è un simbolo dell'amore. Viene portato da una croce che annuncia la speranza e l'invocazione a Dio. Le lettere I e G significano IEHOVA (dal greco) e GOTT (dal ted., Dio). Il ciondolo è uno dei simboli della preghiera a Dio, affinché l'amore possa durare.

Come talismano aiuta a:

- conservare buoni rapporti con la persona amata, sia essa l'amante, la compagna o l'amica
- sviluppare le qualità, che possono rallegrare un uomo amato
- avere fiducia in Dio

BENESSERE

Una spada che rappresenta un cavaliere, è trapassata da una S posta al centro dell'amuleto. La lettera S simboleggia il sole, che è il nostro centro vitale, ma anche in senso figurato il centro dell'uomo. Al di sopra si trova un ovale che illustra il cielo visibile. La corona posta nella parte superiore simboleggia Dio, che veglia su tutti. Le croci a destra e a sinistra sono le croci dei templari, che, in questo caso, rispecchiano il mondo visibile e invisibile e i quattro punti cardinali.

Come talismano aiuta a:

- raggiungere la forza, il vigore e la potenza
- ottenere benessere e ricchezza dalla Grazia di Dio
- fare un buon raccolto e amministrare il superfluo

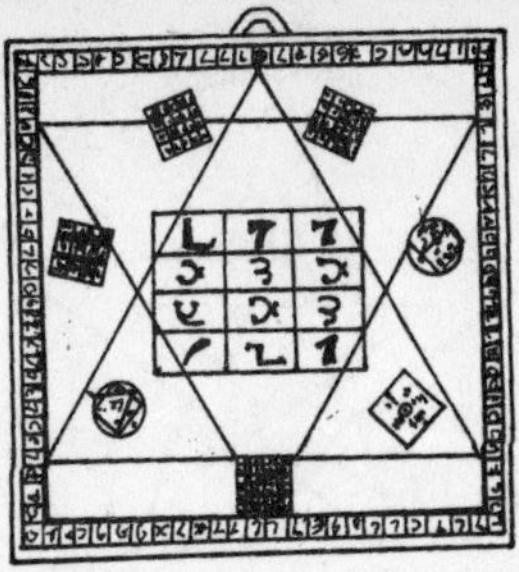

PROTEZIONE TOTALE

Il Dott. John Dee (1527-1608) era un famoso matematico e astrologo. Era dedito a diverse discipline dell'occulto. Tra l'altro era uno stretto consigliere della regina Elisabetta I e alchimista alla corte dell'imperatore Rodolfo II di Praga, che favoriva anche le attività di Keplero. Egli enunciò la teoria del sistema di Enoch. Nel romanzo di Gustavo Meyrink "L'angelo dalla finestra occidentale" viene illustrata diffusamente la sua vita e la sua opera, che è costituita da 78 volumi e fa riferimento al simbolismo dei numeri. Sulla sua famosa tavola sono incisi i quadrati magici, che derivano dalle sue conoscenze magiche e che forniscono, tutto sommato, una protezione potente. I sette quadratini racchiudono un quadrato centrale grande. Sette è il numero dell'unione del cielo e della terra, ma è anche il riferimento alla costellazione del carro, che in tempi passati rappresentava la grande madre (in questo caso la regina Elisabetta). L'ottavo quadrato al centro raffigura l'unione con il potere e la forza reale, che vivrà in eterno.

Come talismano aiuta a:
- essere in unione con la forza e il potere divino e consolidare questo rapporto

Come amuleto protegge contro:
- i pericoli e i poteri provenienti dal mondo visibile e invisibile

STELLA A CINQUE PUNTE (pentagramma, pentalfa) – Realizzazione dei desideri

Il pentagramma è anche chiamato piede dei Druidi. Si disegna con una linea che va dalla punta superiore a quella inferiore sinistra e vale come invocazione nel rituale del pentagramma; se invece si procede dalla punta sinistra in basso verso l'alto, allora funge da rituale per un incantesimo. Questi rituali venivano eseguiti per utilizzare il pensiero magico a favore dell'evoluzione della personalità umana. Il simbolo del pentagramma esisteva già nell'antichità. Con Pitagora rappresenta il simbolo della salute. Nel Medioevo veniva utilizzato nelle formule magiche, conferiva il dominio sugli spiriti della natura. Il pentagramma fu denominato "piede dei Druidi", perché veniva utilizzato come protezione contro le streghe e i Druidi. Oggi il pentagramma è il simbolo del microcosmo. La rappresentazione mostra il pentagramma – luce. Come stella possiede forze segrete che possiamo utilizzare per raggiungere i nostri obiettivi.

Come talismano aiuta a:

– realizzare i desideri

– richiamare e trattenere le forze spirituali per raggiungere livelli elevati.
– attivare le forze interiori per raggiungere scopi importanti

Come amuleto protegge contro:
– le stregonerie
– il "malocchio", richiamando le negatività su chi lo ha causato

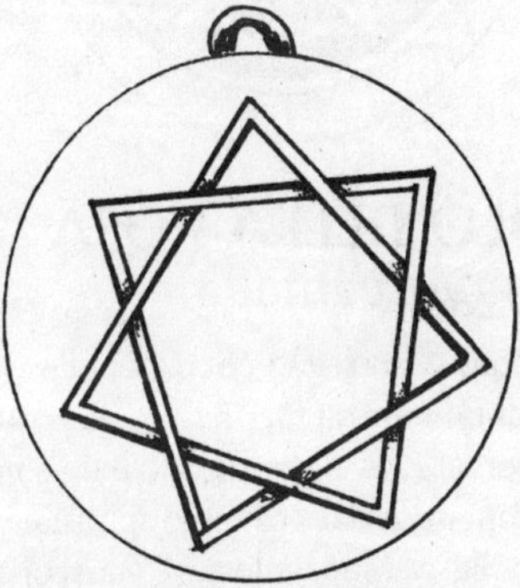

STELLA A SETTE PUNTE
– Stella misteriosa

Questo segno è sacro a Venere come Dea dell'amore. Nell'antica astrologia esistevano sette pianeti. Conosciamo sette toni primordiali, sette colori, sette raggi, sette giorni della settimana, ecc. Nell'albero cabalistico della vita Venere rappresenta la settima Sephirah. Poiché il numero sette deriva dal celestiale tre e dal terrestre quattro, l'ettagramma indica l'uomo nella sua totalità: il corpo materiale e l'anima divina.

Come talismano aiuta a:
– raggiungere l'armonia nell'amore e nell'amicizia
– irradiare la bellezza e la forza dell'attrazione

PENTACOLO DELLA ROSA – Riservatezza

Il simbolo del cinque è un segno che indica l'esistenza illimitata, cioè l'immortalità. La rosa rappresenta la porta dei misteri e simboleggia la riservatezza. Il pentagono è un simbolo costituito dai quattro elementi e dal principio spirituale (la punta più alta). Chi vive nella consapevolezza e ha scoperto il segreto della creazione, tace.

Come talismano aiuta a:
- dare nuova vita
- rafforzare l'aura
- apprendere qualcosa sulla propria anima immortale
- tacere sui propri riconoscimenti

Come amuleto protegge contro:
- la spinta a evangelizzare
- i dubbi
- l'ostilità

STELLA A SEI PUNTE – Coscienza

Sigillo di Salomone o stella di Davide

Questa stella è la più famosa. Essa è costituita da due triangoli: uno, che ha la punta rivolta verso l'alto e personifica il principio spirituale, a cui viene sovrapposto un altro triangolo, che ha la punta rivolta verso il basso e rappresenta il principio corporale. La metà esagonale che ne deriva nell'albero cabalistico della vita è Sephirah del sole, che è in congiunzione con il cuore. Il re Salomone utilizzò questo segno come sigillo per richiamare prima i demoni che successivamente costruirono il suo tempio a Gerusalemme e, infine, per allontanarli. La stella conferisce buon umore, donando la pace interiore e la fiducia in se stessi.

Come talismano aiuta a:
– raggiungere l'armonia e l'equilibrio
– ottenere la saggezza e la consapevolezza
– studiare la magia e ad invocare gli angeli

Come amuleto protegge contro:
– il potere della cattiveria
– la malattia, la sfortuna, la disavventura

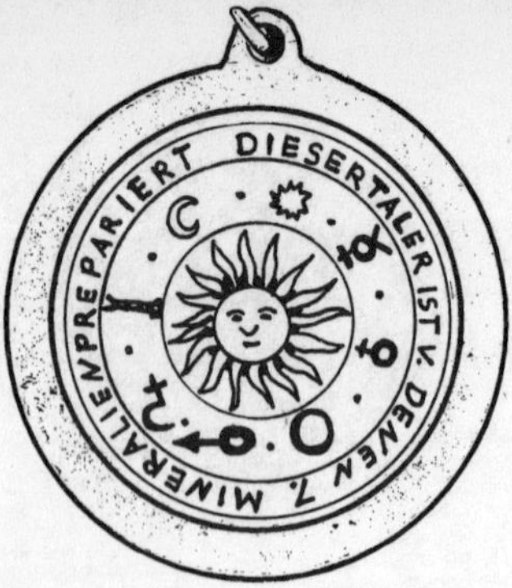

TALLERO DEL SOLE – Salute

Questo talismano in origine era d'oro, il metallo del sole. Sul bordo è possibile leggere, che questo tallero veniva preparato con i sette minerali che corrispondono ai pianeti che sono qui raggruppati intorno al sole. Il sole funge in questo caso da luce divina di ogni essere. I pianeti completano il sole, in modo che il tallero rappresenti un rimedio generale.

Come talismano aiuta a:

– mantenere salute, benessere fisico e fortuna
– attrarre le forze dei pianeti come sostegno

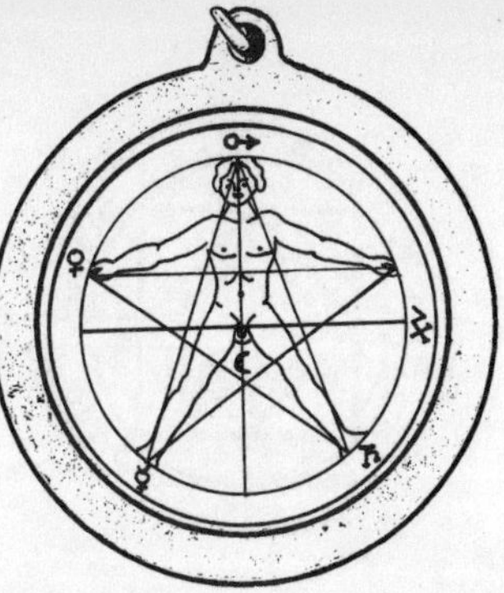

PENTAGRAMMA DI AGRIPPA – L'uomo

Il numero cinque simboleggia l'uomo. Ogni mano ha cinque dita, ogni piede ha cinque dita e ogni uomo possiede cinque sensi. Agrippa di Nettesheim (1486-1535) lottò felicemente contro molti pregiudizi del suo tempo e mise a punto un sistema di filosofia cabalistica. Da questo deriva anche il pentagramma raffigurato sopra, che mostra un uomo con gli arti estesi, come a formare un pentagono. Pertanto, le braccia e le gambe rappresentano i quattro elementi, l'elemento principale, il principio spirituale. I cinque vecchi pianeti (Mercurio, Venere, Marte, Giove e Saturno) si trovano accanto a queste parti del corpo. Il sole e la luna sono direttamente vicini al corpo: il sole al plesso solare, come centro dell'uomo, mentre la luna agli organi genitali e rappresenta così l'inconscio.

Come talismano aiuta a:
- ottenere il cuore dell'uomo amato
- conquistare la saggezza grazie alle preghiere e avvicinarsi a Dio

Come amuleto protegge contro:
- le forze visibili e invisibili

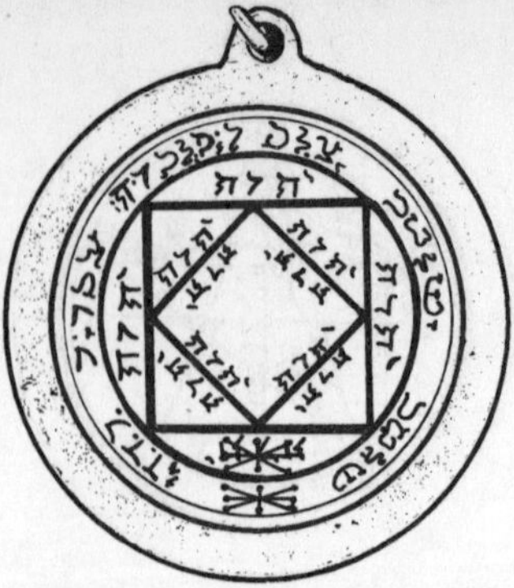

TALISMANO DEL SOLE – La fama

Nella raffigurazione di uno dei sigilli di Salomone sono visibili in dodici campi dodici volte il nome di Dio come tetragramma della lingua ebraica: Yod He Vau He. Conosciamo questo nome dalla Bibbia: Geova. I dodici campi indicano i dodici mesi dell'anno, cioè un anno solare. Con questo talismano chiediamo aiuto in ogni situazione della nostra vita.

Come talismano aiuta a:

- sviluppare la forza, la gioia di vivere, la consapevolezza di sé, uno spirito puro
- stringere rapporti di amicizia sia privati che professionali
- avere successi personali
- iniziare una nuova impresa con i presupposti più idonei
- diventare famoso

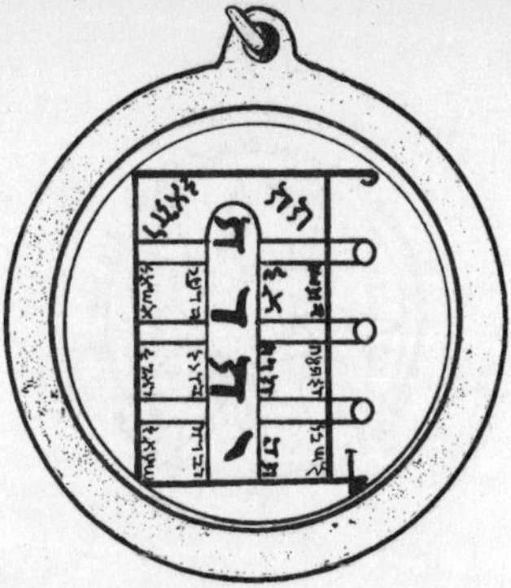

TALISMANO DELLA LUNA
– Successo artistico

Questa forma delle case lunari è molto antica. Secondo le descrizioni essa rimanda al sigillo del re Salomone, 3.000 anni fa. Geova viene chiamato molte volte con il suo nome e con altri diversi nomi di divinità. Il ciondolo della luna risulta efficace nelle attività della vita umana basate sull'intuizione, come la poesia, l'arte, la musica e la spiritualità.

Come talismano aiuta a:
– scoprire e favorire il talento nel settore artistico
– riconoscere e utilizzare le capacità medianiche
– superare gli ostacoli

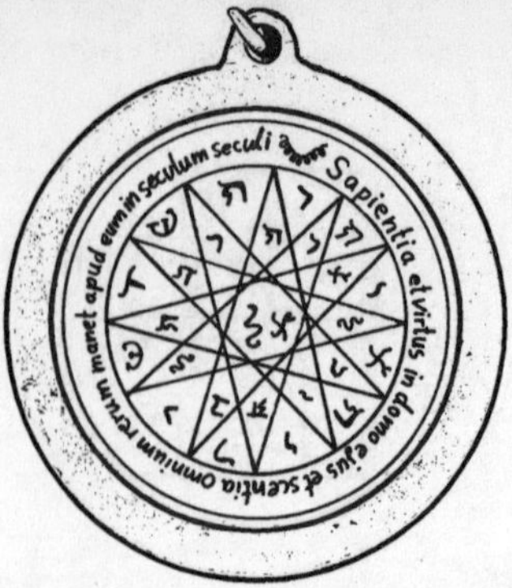

TALISMANO DI MERCURIO – L'intelligenza

Anche questo ciondolo è attribuito a re Salomone e se si considera il cerchio interno con le stelle dodecagonali, ciò può risultare giusto; tuttavia il proverbio latino inciso esternamente è medioevale: *la saggezza e la forza sono nella sua casa e la coscienza di tutte le cose rimane per l'eternità*. Nella stella sono incastonate le lettere dell'alfabeto ebraico, ciascuna delle quali ha un suo significato particolare, utile per gli scongiuri. Riconosciamo ancora una volta il tetragramma: Yod He Vau He. Al centro si trovano le lettere AL; anche queste significano Dio. In questo talismano è raffigurata la cessione da parte di Dio delle facoltà di Mercurio: l'intelletto e la capacità di imparare.

Come talismano aiuta a:
- disporre di una migliore capacità di concentrazione
- accrescere il grado di ricettività dell'intelletto

Come amuleto protegge contro:
- la stupidità
- l'ignoranza

TALISMANO DI VENERE – L'amore

In questo talismano è possibile riconoscere due triangoli che si incontrano, come due persone. Molti nomi di divinità presentano delle incisioni in ebraico, tra le altre Yod He Vau He e Adonai. Ricorre di nuovo un sigillo del re Salomone, in cui è invocato Dio per trasmettere la forza di Venere a colui che possiede il talismano.

Come talismano aiuta a:
- ottenere l'amore della persona amata
- accrescere la propria forza di attrazione
- stringere nuove amicizie
- armonizzare stretti legami esistenti
- dimostrare la propria simpatia regalando il talismano

TALISMANO DI MARTE
– Difesa e guarigione

Nel talismano di Marte l'esagramma raffigura l'unione con il lato positivo di Marte, poiché è associato al sole. Inoltre, è un sigillo di Salomone e ha un effetto esorcizzante. Nella parte centrale sono scritti alcuni nomi di divinità nella scrittura ebraica. Nei sei angoli è visibile ogni volta la parola He, che simboleggia il valore numerico cinque. La quinta Sephirah nell'albero cabalistico della vita appartiene a Marte.

Come talismano aiuta a:
- rafforzare le difese del corpo
- equilibrare le forze attive e passive dell'organismo
- sostenere la guarigione da tutti i tipi di malattie
- rafforzare l'efficacia dei medicinali assunti

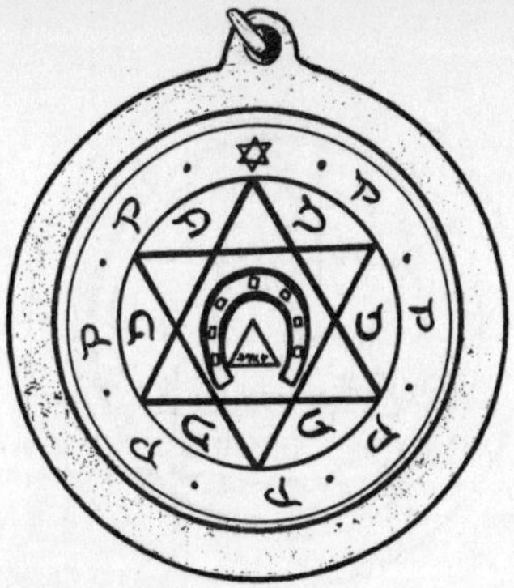

TALISMANO DI GIOVE
– Fortuna al gioco

Anche questo talismano è un sigillo di Salomone e porta un esagramma, un segno del sole. Nella parte centrale un ferro di cavallo ha lo scopo di attrarre la fortuna. I ferri di cavallo sono associati alla fortuna, perché appartengono al cavallo, che nelle antiche culture veniva considerato un simbolo positivo. Il triangolo con la punta rivolta verso l'alto fa riferimento alla schietta intenzione con cui si desidera giocare. La lettera P nei sei campi rappresenta il numero 80, mentre la lettera Qoph, ripetuta sette volte sul bordo, si riferisce al numero 100. I numeri grandi hanno lo scopo di portare fortuna al gioco.

Come talismano aiuta a:
- ottenere fortuna al gioco
- acquisire la capacità di decidere se effettuare o meno una giocata
- non interrompere il gioco quando si perde
- non giocare oltre i propri mezzi

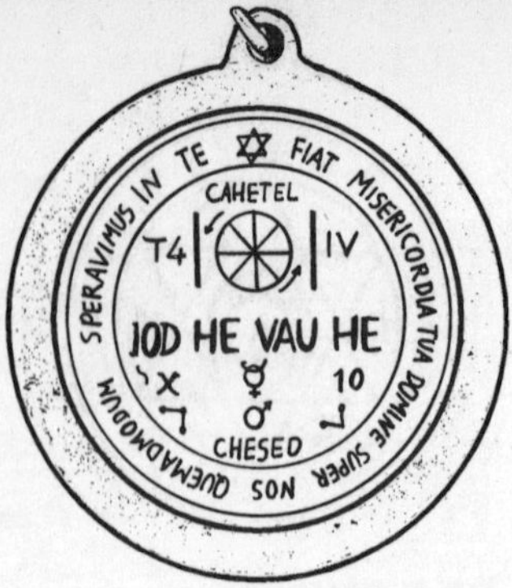

CERCHIO MAGICO – Soldi

Nel cerchio esterno troviamo un'invocazione in latino: scenda la tua benevolenza su di noi, Signore, come noi abbiamo sperato in te. Nella parte interna del ciondolo è raffigurata l'unione del numero quattro con il numero dieci. Il quattro simboleggia Giove o il Padre degli Dei, il dieci simboleggia, invece, la Terra. La ruota con otto raggi indica la rotazione infinita della Terra. La lettera Daleth è la quarta dell'alfabeto ebraico. Chesed è la quarta Sephirah dell'albero cabalistico della vita ed è associata a Giove. Cahetel, l'angelo che abita qui. Mercurio, il pensatore e Marte, il guerriero, rendono armonioso il cerchio.

Come talismano aiuta a:

- dimostrare intuizione negli affari
- raggiungere il successo nel commercio e nella professione
- prendere le giuste decisioni negli affari
- moltiplicare i possedimenti

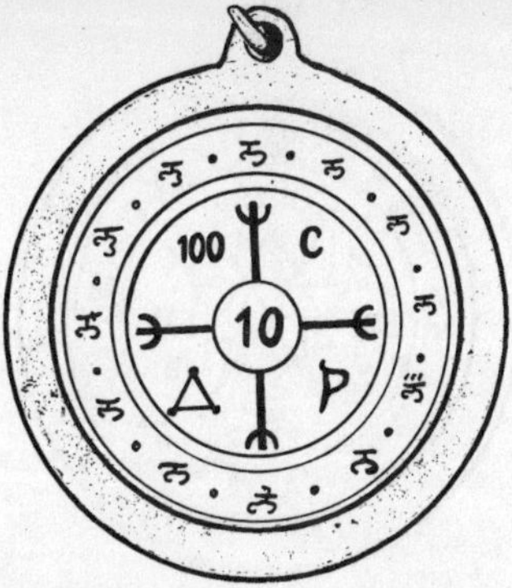

AMULETO DEI LEGAMENTI
– Legare e sciogliere

Su questo amuleto sono raffigurati segni provenienti da numerosi campi culturali. Il numero dieci nel cerchio indica che si tratta di importanti questioni. Il numero 100 è visibile nei numeri arabi, latini, ebraici e in quelli di Enoch nei quattro quadranti. La presenza della runa Algiz, ripetuta quattro volte, protegge dall'esterno. OM è ripetuto dodici volte sul bordo.

Come talismano aiuta a:
- sciogliere il legamento della maledizione
- ingannare gli aggressori e condurli in errore
- conciliare un sonno tranquillo

Come amuleto protegge contro:
- la magia, l'incantesimo, i vampiri, gli spiriti
- gli incubi
- i vaneggiamenti

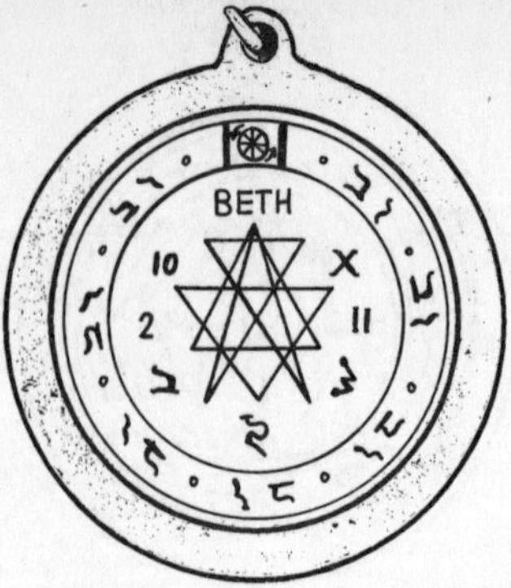

TALISMANO DELLA COPPIA – *Unione*

Beth è il numero associato al due, che qui simboleggia la coppia unita. Il dieci indica la Terra, dove deve avere luogo questa appartenenza. A sinistra nella parte inferiore è presente di nuovo la lettera Beth nella scrittura ebraica, al centro in basso, come segno magico e a destra sotto nella scrittura di Enoch. Al margine sono raffigurate le lettere ebraiche Vau (= valore numerico 6 = gli amanti dei tarocchi) e Beth (= valore numerico 2 = l'unione); ripetute sette volte, perché sono ideate come invocazione del numero santo sette, nel quale si uniscono il cielo e la Terra. Più triangoli orientati verso l'alto o verso il basso si uniscono: il maschile e il femminile si completano.

Come talismano aiuta a:
- ottenere armonia e concordia in un rapporto di coppia
- superare gli ostacoli e gli impedimenti nel matrimonio e nella coppia
- risolvere conflitti sessuali
- rafforzare la libido

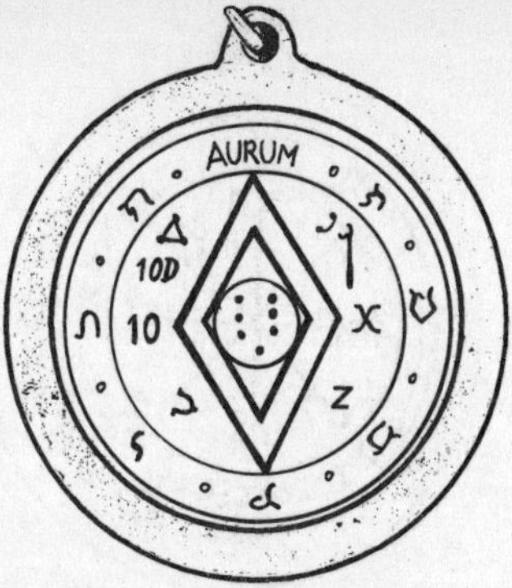

TALISMANO DELLA RICCHEZZA – Oro

Intorno a un segno geometrico, che significa la fortuna, sono raccolte diverse figure geometriche e segni. Il cerchio interno rappresenta la nostra Terra. Il rombo significa la fermezza. Il numero dieci è presente in molte scritture e segni: latino, ebraico, di Enoch, egiziano, arabo. La parola Aurum, oro, domina il talismano. Tutto tende alla crescita e alla moltiplicazione della ricchezza.

Come talismano aiuta a:

- moltiplicare i soldi
- riportare delle vittorie in campo economico
- migliorare la situazione finanziaria
- non dimenticare la salute dell'anima nonostante la ricchezza

TALISMANO DELLA GIOIA DI VIVERE – Rilassamento

Otto raggi sono rivolti verso l'esterno. Essi sostengono segni alchimistici, che favoriscono il processo di trasformazione. Sul margine esterno sono presenti i nomi di divinità ebraiche.

Come talismano aiuta a:
- rafforzare la gaiezza, l'allegria e la serenità
- rilassarsi
- affrontare le avversità con distacco e tranquillità

Come amuleto protegge contro:
- la paura
- la depressione
- la solitudine

AMULETO PROTETTIVO – Viaggi

Su questo ciondolo è raffigurata la croce terrena come incrocio in un cerchio. L'amuleto mostra i quattro punti cardinali con i relativi spiriti protettori. Sul margine sono scritti i nomi delle divinità.

Come talismano aiuta a:

– sostenere azioni pericolose
– difendersi da un avversario conosciuto e sconosciuto
– trovare un alloggio sicuro durante i viaggi

Come amuleto protegge contro:

– gli incidenti sulla terra, nell'acqua, nell'aria e sotto la terra
– le disgrazie nei viaggi

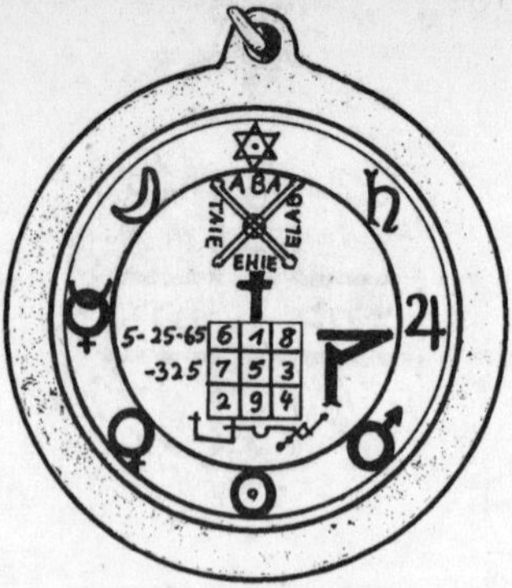

TALISMANO UNIVERSALE
– Rinnovamento

Su questo amuleto domina il quadrato magico basato sul numero cinque. Il cinque appartiene al pianeta Marte, responsabile della salute. I numeri al lato del quadrato danno come risultato ogni volta il quindici, cioè il numero della natura. Al di sotto del quadrato è raffigurato il sigillo di Samaele, dell'angelo, che corrisponde a Marte e governa il martedì. Intorno al margine si trovano i simboli dei pianeti.

Come talismano aiuta a:
- trovare la tranquillità (talismano appeso nella stanza da letto) e a rinnovare il proprio corpo e le forze fisiche

Come amuleto protegge contro:
- possibili danni che potrebbero minacciare la persona in questione e chi vive nelle immediate vicinanze

GRIFONE – Vigilanza e risurrezione

Il grifone è costituito da parti del corpo del leone e dell'aquila. Sul busto di un leone possono crescere le ali e la testa di un'aquila e talvolta è presente anche una coda di drago, come nell'illustrazione. Il grifone è il guardiano e si dice di lui che sia più forte di cento aquile e più grande di otto leoni. In Grecia questo animale era sacro ad Apollo e ad Atena. Le sue caratteristiche sono la vigilanza, la forza e la saggezza. Nella sua forma spaventosa è un vendicatore. Nel Medioevo in lui si ravvisava la doppia natura umana e divina, come la possedeva Cristo, poiché si associa l'aquila al cielo e i leoni alla terra. In qualità di animale – aquila = uccello del sole, leone = animale del sole, simboleggia la risurrezione. Il sole tramonta per noi la sera e sorge nuovamente al mattino.

Come talismano aiuta a:
- ottenere una vigile attenzione
- sviluppare forza e franchezza

Come amuleto protegge contro:
- l'oscurità dell'inconscio
- la distrazione

Le 12 Pietre Principali della Gerusalemme Celeste

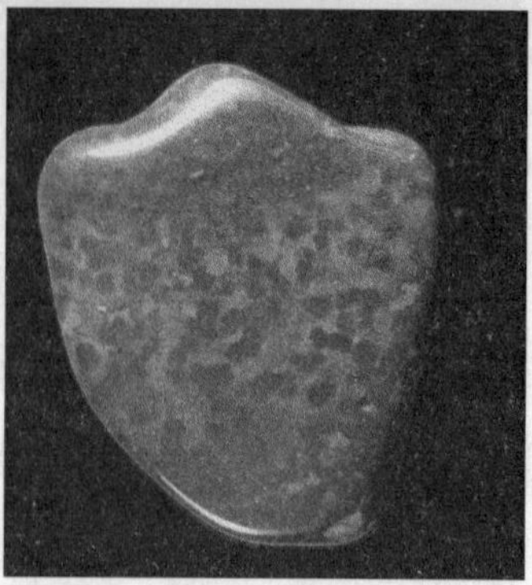

ELIOTROPIO – Diaspro – Forza vitale

È la prima pietra principale della Gerusalemme celeste dall'apocalisse di San Giovanni. L'eliotropio è un calcedonio di colore verde scuro con i punti rossi. Nel Medioevo venivano attribuiti poteri magici a questa pietra, perché i punti rossi rappresentano il sangue di Cristo.

Come talismano aiuta a:
- riscaldare e animare il corpo
- condurre una lunga vita e ad avere un aspetto giovanile
- concentrarsi in senso spirituale e coltivare la saggezza

Come amuleto protegge contro:
- le ferite, i morsi dei serpenti e degli scorpioni
- i nemici e le malattie
- gli incubi e i disturbi del sonno

Correlazione: marzo / vescica / emorroidi, ferite

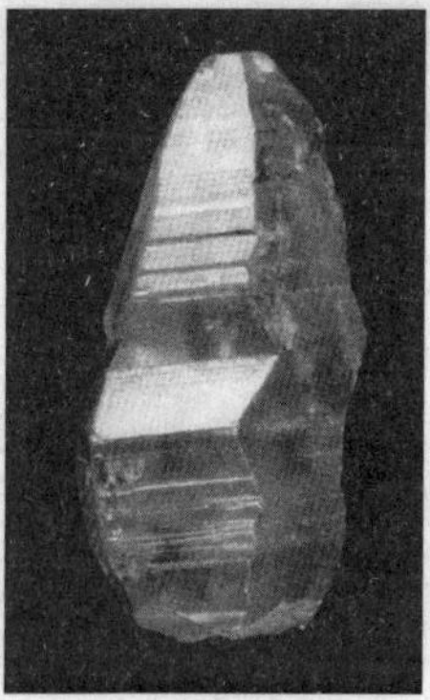

ZAFFIRO – Corindone blu – Fedeltà

La seconda pietra principale della Gerusalemme celeste è lo zaffiro. Nell'antichità e in parte fino al Medioevo era chiamata zaffiro lapislazzuli. Lo zaffiro di colore blu scuro e lo zaffiro a stella sono le pietre più caratteristiche. Blu è il colore della fedeltà, la stella nella pietra ci congiunge al Tutto. Lo zaffiro consolida la fede e la forza della salvezza negli uomini.

Come talismano aiuta a:
– raggiungere una virtù durevole
– riportare la sincerità, la fedeltà e l'unione nel matrimonio
– garantire la salute, conciliare l'astuzia e la ragione

Come amuleto protegge contro:
– lo smarrimento e le illusioni
– gli eccessi; ad esempio d'ira e isteria
– le difficoltà di apprendimento

Correlazione: aprile / segno zodiacale Sagittario / Giove / cuore, polmoni, reni / ulcere, podagra, erpete, traspirazione cutanea, intossicazione

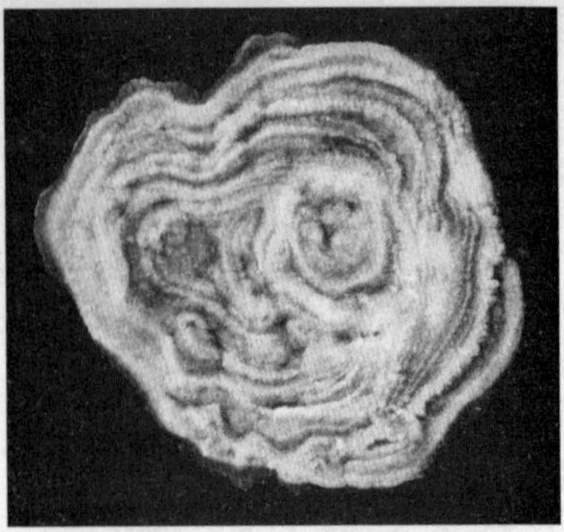

CALCEDONIO – Contentezza

È la terza pietra principale della Gerusalemme celeste. Il nome Calcedonio rimanda a un'antica città del Bosforo. La pietra è blu latteo e appartiene ai quarzi. Come le sue linee ondulate, il flusso del linguaggio si sviluppa e scivola fuori attraverso la gola.

Come talismano aiuta a:
– ottenere il dono dell'oratoria ed evitare errori linguistici
– conservare la tranquillità e l'imperturbabilità
– raggiungere la contentezza interiore

Come amuleto protegge contro:
– le debolezze dello spirito e la malinconia
– le forze ipnotiche di altri
– gli incubi e i disturbi del sonno
– le inibizioni e la febbre della ribalta

Correlazione: giugno / segno zodiacale Sagittario / bile

SMERALDO – Amore

La quarta pietra principale della Gerusalemme celeste è lo smeraldo. Questa pietra è di un colore verde vivo, infatti, anche il suo nome in greco fa riferimento a questo colore. Con impeto penetra attraverso la roccia e rappresenta la forza della crescita. Le sue caratteristiche curative sono notevoli, in particolare contro le malattie rosse, come ad esempio, le infiammazioni, ma è efficace anche come antidoto.

Come talismano aiuta a:
- curare gli occhi
- raggiungere la felicità e il ringiovanimento
- riconciliarsi e sviluppare amore e stabilità

Come amuleto protegge contro:
- il "malocchio"
- i peccati e le tentazioni
- la distrazione

Correlazione: maggio / segno zodiacale Cancro / Luna / occhi, cuore / inappetenza, epilessia, febbre, ulcere, emorroidi, mal di testa, disturbi del sonno, gravidanza, intossicazione, vermi

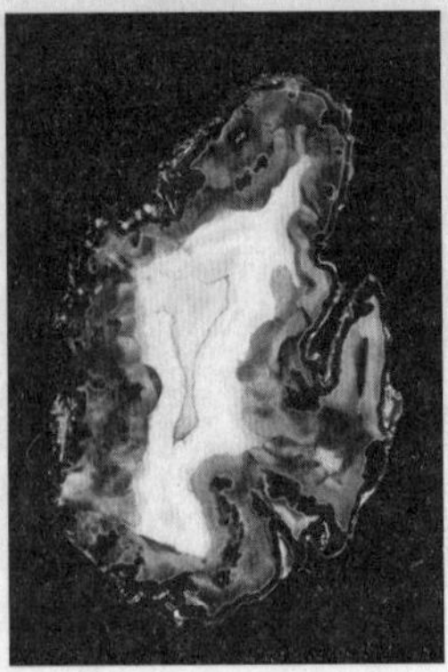

SARDONICA – Amici

È la quinta pietra principale della Gerusalemme celeste. La sardonica è di colore marrone rosso della terra e ha delle strisce bianche di calcedonio. Simboleggiava l'oro degli antichi. Neutralizza i morsi e le punture velenose di insetti, piante o anche ferite di frecce velenose. Finora è stata considerata la pietra della guarigione e la pietra protettrice.

Come talismano aiuta a:
– aumentare la fiducia in se stessi e il dominio di sé
– portare fortuna nel matrimonio, nella coppia e nell'amore
– portare alla luce la verità nelle vicende giuridiche

Come amuleto protegge contro:
– le infezioni e le ricadute nelle malattie
– gli amici falsi e la paura degli estranei
– tutte le negatività

Correlazione: segno zodiacale Capricorno / Saturno

SARDA – Passione

È la sesta pietra principale della Gerusalemme celeste. La sardonica è un tipo di calcedonio. Il suo colore marrone rosso ricorda il fuoco e per questo la sardonica viene posta in relazione all'ispirazione e alla passione.

Come talismano aiuta a:
- diventare belli
- consolidare le amicizie
- aguzzare l'ingegno

Come amuleto protegge contro:
- l'amore falso
- la freddezza nei confronti dei propri simili
- lo scoraggiamento e la tristezza

Correlazione: segno zodiacale Scorpione / Plutone / orecchi / pressione sanguigna elevata, febbre, mal di testa, gravidanza

CRISOLITO (Peridoto) – Equilibrio

Il crisolito è la settima pietra principale della Gerusalemme celeste. Questa pietra verde vetro e trasparente ricorda la primavera, la luce che appare attraverso il verde di maggio. Spesso viene scoperta nelle meteoriti e per questo motivo racchiude in sé le caratteristiche del sole, dalle cui eruzioni ha avuto origine questa pietra. Da secoli viene utilizzata a scopo terapeutico. Il suo nome significa "energia armoniosa".

Come talismano aiuta a:
- stabilizzare il sistema immunitario e l'equilibrio interno
- conservare un modo di concepire la vita positivo e ad aprire l'occhio interiore
- stabilire un migliore contatto con i propri simili e riportare successi nel lavoro

Come amuleto protegge contro:
- l'invidia, l'egoismo, la freddezza dei sentimenti
- l'ira e la gelosia
- la tristezza e l'avvilimento

Correlazione: agosto / segno zodiacale Cancro / intestino, stomaco, reni / epilessia, insonnia

BERILLO – Chiaroveggenza

È l'ottava pietra principale della Gerusalemme celeste. Da questa parola è nato il nostro termine attuale "Brille" (occhiali). In questo caso si fa riferimento alla variante incolore trasparente. La pietra magica consolida la fede in Dio. Attraverso i suoi "occhiali" possiamo vedere più chiaramente il mondo spirituale.

Come talismano aiuta a:
- salvaguardare l'amore di una coppia
- sviluppare la bellezza e il fascino e rimanere giovani nel cuore
- rafforzare l'erotismo e a provare felicità

Come amuleto protegge contro:
- il pericolo nei viaggi
- la nostalgia di casa e la febbre della partenza
- la limitatezza e la miopia

Correlazione: maggio / Sole / ghiandole / asma, malinconia

TOPAZIO – Purezza

Questa nona pietra principale della Gerusalemme celeste attraverso la sua purezza protegge contro i nemici demoniaci della "città d'oro". La sua trasparenza bianca o blu tenue schiude i nostri sensi all'ispirazione e collega l'anima pura al corpo. Guarisce i difetti della vista.

Come talismano aiuta a:
- rafforzare la vera amicizia e la fedeltà
- intraprendere nuove attività
- liberare la mente e rimanere consapevoli delle proprie capacità

Come amuleto protegge contro:
- l'ira irruente
- le ricadute e le manie
- i rischi, che involontariamente si possono correre

Correlazione: novembre / segno zodiacale Leone / Mercurio / pelle, cuore / febbre, emorroidi, vene varicose, trombosi

CRISOPRASIO – Fedeltà

È la decima pietra principale della Gerusalemme celeste. Il suo nome greco “aglio d’oro” indica da un lato il suo splendore e dall’altro il suo meraviglioso colore verde, che ci collega al mondo delle piante e agli esseri elementari che vivono lì. Il suo colore verde è il simbolo dell’amore eternamente giovane. Agisce sulla circolazione in modo molto efficace.

Come talismano aiuta a:
– conservare l’amore nel matrimonio
– proteggere la fedeltà tra gli amanti
– non rinunciare alla speranza del rinnovamento
– ottenere una stima molto elevata

Come amuleto protegge contro:
– la magia nera
– l’agitazione e il cattivo umore
– la mancanza di volontà

Correlazione: maggio / segno zodiacale Cancro / cuore, vasi / vomito, podagra

GIACINTO – Guarigione

È l'undicesima pietra principale della Gerusalemme celeste. Già nell'antichità la pietra rosso - gialla e marrone - rossa possedeva il potere di riconoscere la verità ultima. Essa apre lo sguardo ai mondi spirituali ultraterreni. Dispone di capacità di guarigione molto potenti.

Come talismano aiuta a:
- intraprendere viaggi astrali
- acquisire una buona conoscenza degli uomini
- iniziare un nuovo rapporto di coppia

Come amuleto protegge contro:
- i pregiudizi
- i sensi di inferiorità
- situazioni di vita difficili

Correlazione: dicembre / Venere / cuore, polmoni / problemi del metabolismo

AMETISTA – Moderazione

L'ametista è la dodicesima e ultima pietra principale della Gerusalemme celeste dopo l'apocalisse di San Giovanni. L'ametista è viola e trasparente. Essa ci mette in comunicazione con il mondo spirituale. Il viola è l'ultimo colore dello spettro e consente di penetrare il mondo invisibile dell'infinito. Qui è possibile apprendere l'armonia, la tranquillità, l'abnegazione e il distacco dal mondo.

Come talismano aiuta a:
- corroborare lo spirito di iniziativa
- rafforzare la fede
- coltivare la fantasia

Come amuleto protegge contro:
- le difficoltà nell'apprendimento e la paura degli esami
- l'alcolismo e le relative conseguenze
- i falsi amici e l'essere senza patria

Correlazione: febbraio / Pesci / Giove / gola / malattie all'apparato genitale, ulcere, isterismo, nevralgia, foruncoli, insonnia, idropisia

Zodiaco Occidentale

ARIETE – Aries – Personalità

Il precipitoso ariete forza ogni portone con la sua energia esuberante e si lancia contro ogni suo avversario. Deve sempre mettersi alla prova e simboleggia il nuovo inizio e l'arrivo della primavera dopo il lungo inverno.

Come talismano aiuta a:

– sviluppare la propria personalità e il carattere
– provare fiducia e amore per il rischio
– provare entusiasmo per l'inizio di una questione

Come amuleto protegge contro:

– il rimanere fermi, l'arenarsi
– le limitazioni
– la paura

Correlazione: rosso, di colore rosso / fuoco / dominatore: Marte / Corniola, diaspro rosso, rubino / ruota di medicina indiana della stirpe degli orsi: astore rosso (Luna con gli alberi germoglianti)

TORO – Taurus – Possesso

Il toro è autoctono e sedentario. Desidera possedere il suolo che ha lavorato e trasformato in terreni coltivabili. Fondamentalmente avanza e segue le leggi della tradizione. Per questo ha timore della novità e cerca di difendersi con la caparbietà.

Come talismano aiuta a:
- rafforzare la fertilità
- sviluppare la sensualità
- non sopravvalutare la realtà

Come amuleto protegge contro:
- la paura esistenziale
- la pigrizia
- la violenza

Correlazione: rosa, rosso chiaro, arancione / terra / dominatore: Venere / agata, corniola, quarzo rosa / rodonite, rodocrosite / ruota di medicina indiana della stirpe degli orsi: castoro (Luna delle rane ricorrenti)

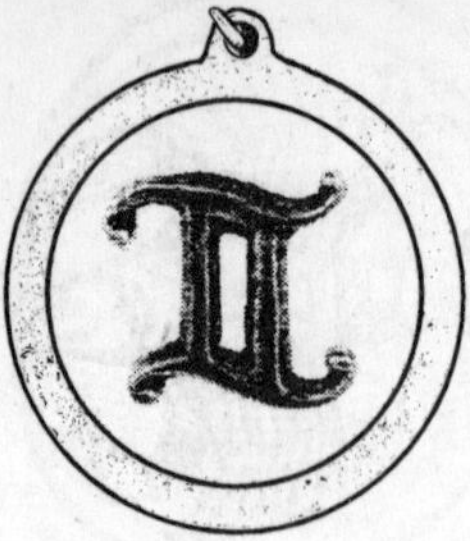

GEMELLI – Gemini – Ragione

I gemelli hanno bisogno dell'opposto per potersi riconoscere. Esplorano l'ambiente vicino e lontano a loro. Elaborano queste conoscenze mediante la loro ragione e desiderano comunicarle agli altri. Sono necessarie almeno due persone, affinché lo scambio possa avvenire.

Come talismano aiuta a:
- superare le difficoltà di comprensione
- dimostrare l'imparzialità
- scambiare opinioni e sostenerle

Come amuleto protegge contro:
- le esagerazioni
- i difetti di pronuncia
- le difficoltà di stabilire contatti

Correlazione: giallo, arancione / aria / dominatore: Mercurio / ambra, topazio d'oro / ruota di medicina indiana della stirpe degli orsi: cervo (Luna della semina del mais)

 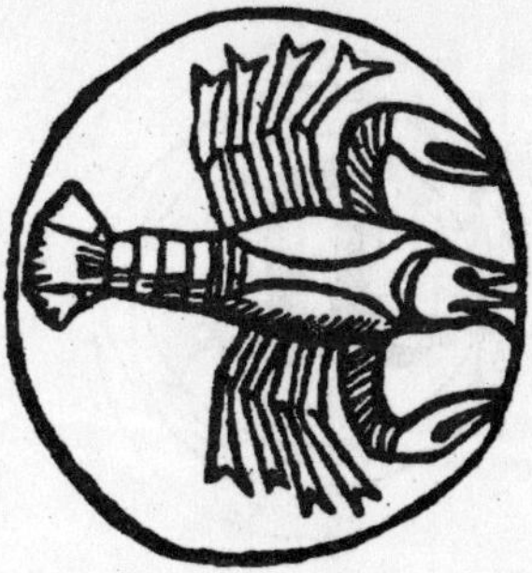

CANCRO – Cancer – Sentimento

L'immagine del cancro mostra la sua dolcezza. Il cancro non ha gomiti. La sua capacità di imporsi risiede nella debolezza, secondo il proverbio: la goccia scava la pietra. Vorrebbe sentirsi un tutt'uno con la casa e il suo lavoro. Quando viene attaccato, cerca di schivare il pericolo.

Come talismano aiuta a:
- trovare e dare sicurezza
- abbandonarsi ai sogni e creare forza spirituale nella meditazione
- esprimere liberamente i propri sentimenti

Come amuleto protegge contro:
- la sensibilità
- le variazioni di umore
- le ferite dell'anima

Correlazione: verde / acqua / dominatore: Luna / avventurina, crisocolla, crisoprasio, peridoto, smeraldo / ruota di medicina indiana della stirpe degli orsi: picchio (Luna del Sole vigoroso)

LEONE – Leo – Amore

Potente e con un eccessivo senso di forza il leone avanza nel calore dell'estate. Approva la vita e lo comunica con un ruggito forte e sferzando la coda. Attrae l'attenzione su di sé ed è consapevole della sua unicità.

Come talismano aiuta a:
- ottenere il lusso e non dividerlo con generosità
- emanare calore umano e migliorare la vita affettiva
- sviluppare forza e coraggio

Come amuleto protegge contro:
- l'orgoglio smodato
- la miseria e la fame
- l'essere tenuto in scarsa considerazione

Correlazione: bianco, oro / fuoco / dominatore: Sole / cristallo di rocca, diamante, topazio / ruota di medicina indiana della stirpe degli orsi: storione (Luna delle bacche volte a maturazione)

VERGINE – Virgo – Salute

Questo segno invita alla prudenza. Procede con metodicità e regolarità, poi dopo un passo azzardato, si ritrae. Da questo ne consegue una certa indecisione di questo segno zodiacale. Devo o non devo farlo? La vergine sottopone tutto alla sua analisi e critica; infatti, è felice solo quando riconosce: lo sapevo dall'inizio.

Come talismano aiuta a:
- valutare con attenzione e in modo scrupoloso
- conservare la salute e la capacità lavorativa
- essere armato in tutte le vicende della vita

Come amuleto protegge contro:
- la confusione e l'eccesso di zelo
- l'imprudenza
- la malattia e le allergie

Correlazione: giallo, giallo oro, arancione / terra / dominatore: Mercurio / citrina, topazio, occhio di tigre / ruota indiana della medicina della stirpe degli orsi: orso bruno (Luna della serietà)

BILANCIA – Libra – Gemellaggio

La bilancia ha due piani disposti orizzontalmente. Tenta sempre di essere in equilibrio. Ne consegue che la bilancia cerca sovente di valutare, ponderare e pianificare. Non può sopportare l'eccesso o il difetto in una cosa, poiché la giustizia rappresenta la sua somma legge. Osserva entrambi i lati e poi tenta di agire sempre secondo giustizia nei confronti di tutti. Per questo motivo, nelle decisioni risulta spesso indeciso e debole.

Come talismano aiuta a:
– conciliare
– agire in modo giusto
– stabilire un giusto equilibrio tra due diritti

Come amuleto protegge contro:
– la debolezza nelle decisioni
– l'esaltazione e l'impetuosità
– i pensieri confusi

Correlazione: blu, verdastro, marrone, bianco / aria / dominatore: Venere / tormalina verde, giada, ossidiana, quarzo affumicato / ruota indiana della medicina della stirpe degli orsi: corvo (Luna delle anatre volanti)

SCORPIONE – Scorpius - Sessualità

Dapprima metodico come il segno della vergine, poi con un salto potente viola tutte le norme e i tabù di sorta: così si mostra il segno dello scorpione. Questo salto si può esprimere con passionalità, ma anche nella distruzione di sé per il bene di una comunità. Questo bene è spesso presente solo nel suo pensiero come immagine ideale e nella sua immaginazione. Lo scorpione ricerca l'ordine spirituale in tutte le cose ed elimina il vecchio utilizzando le sue chele.

Come talismano aiuta a:
- fissare le basi e raggiungere gli ideali
- sviluppare l'abnegazione
- superare se stesso e mostrare lo spirito di resistenza

Come amuleto protegge contro:
- il fanatismo e la fedeltà cieca
- la freddezza di sentimenti
- la paura della morte

Correlazione: rosso, rossastro, rosso - nero / acqua / dominatore: Plutone / ematite, corniola, tormalina rossa / ruota di medicina indiana della stirpe degli orsi: serpente (Luna della prima rana)

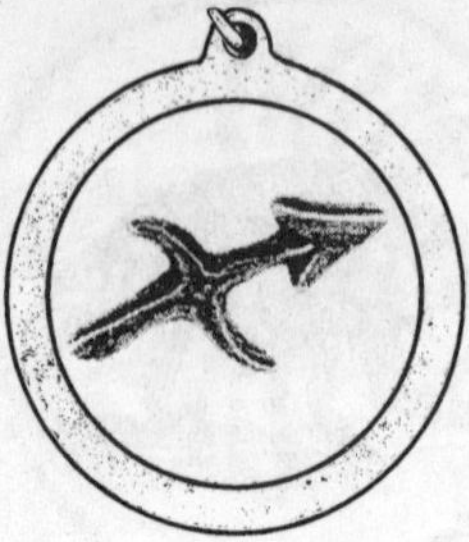

SAGITTARIO – Sagittarius – Formazione

Il sagittario mira dritto al cielo. È un tutt'uno conil suo arco e il suo obiettivo. Vorrebbe volare in lontananza come la sua freccia, conoscere tutto e raggiungere sempre nuovi obiettivi. Il suo dinamismo è inesauribile come pure il suo impulso creativo.

Come talismano aiuta a:
- soddisfare la voglia di creatività
- sviluppare la sensibilità e la forza di persuasione
- viaggiare in paesi lontani e comprendere le razze straniere

Come amuleto protegge contro:
- la noia
- la povertà spirituale
- i pericoli nei viaggi

Correlazione: blu / fuoco / dominatore: Giove / calcedonio, lapislazzuli, sodalite, zaffiro / ruota di medicina indiana della stirpe degli orsi: cervo canadese (Luna delle lunghe nevicate)

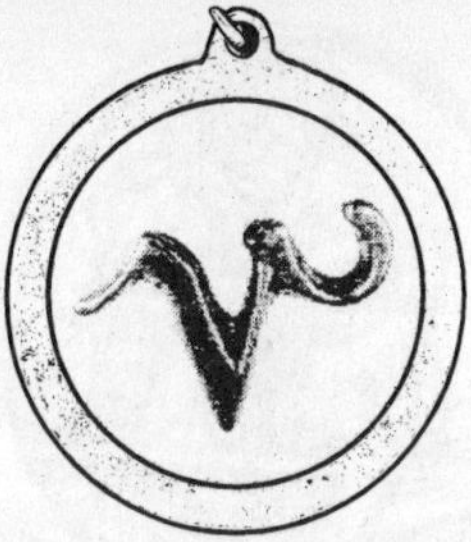

CAPRICORNO – Capricornus – Aspetto

Il capricorno salta sui pendii più ripidi e ritorna al suolo risoluto. Il suo territorio sono le montagne e il suolo roccioso. Per questo la sua legge principale è la scrupolosità. È caparbio e vive seguendo le proprie leggi, che vorrebbe fossero applicate anche dagli altri. Come il segno anche il suo modo di pensare al passato è rivolto alla tradizione, l'archeologia e la storia. Ostinato si immerge completamente nelle sue attività, che spesso gli fanno dimenticare le gioie della vita.

Come talismano aiuta a:
- sviluppare la costanza e la coscienziosità
- mostrare senso dell'umorismo durante lo svolgimento del lavoro
- seguire la propria vocazione

Come amuleto protegge contro:
- i pericoli nell'esercizio dell'alpinismo
- i falsi obiettivi professionali
- le prodezze della gioventù

Correlazione: verde, nero / dominatore: Saturno / malachite, agata, onice, sardonica, tormalina nera / ruota indiana della medicina della stirpe degli orsi: oca artica (Luna del rinnovamento della Terra)

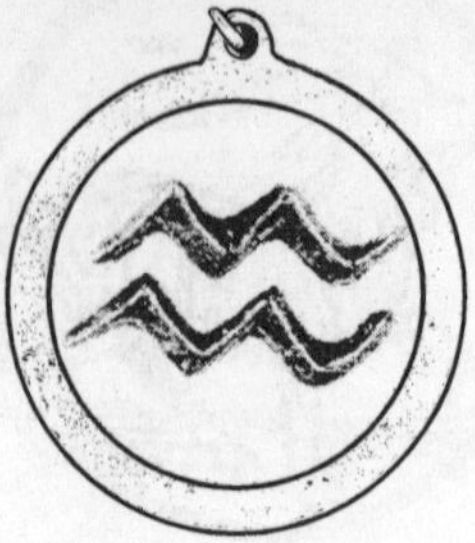

ACQUARIO – Aquarius – Libertà

Si tratta dell'antico segno egiziano dell'acqua, tuttavia, l'acquario è un segno d'aria. Si potrebbe paragonare questo segno a un alito di vento, che increspa le onde del vasto oceano, ma sferza il mare nella sua imprevedibilità, trasformandosi in un uragano. È spontaneo e libero. Come il vento non si lascia imprigionare o bloccare da nulla: sorvola sulle cose.

Come talismano aiuta a:
- vivere con leggerezza e senza preoccupazioni
- sentirsi uguali agli altri esseri viventi
- raggiungere l'indipendenza

Come amuleto protegge contro:
- l'egoismo
- la povertà di idee
- l'essere prigionieri del passato

Correlazione: blu, turchese, verde / aria / dominatore: Urano / amazzonite, acquamarina, turchese / ruota indiana della medicina della stirpe degli orsi: vipera (Luna del riposo e della purificazione)

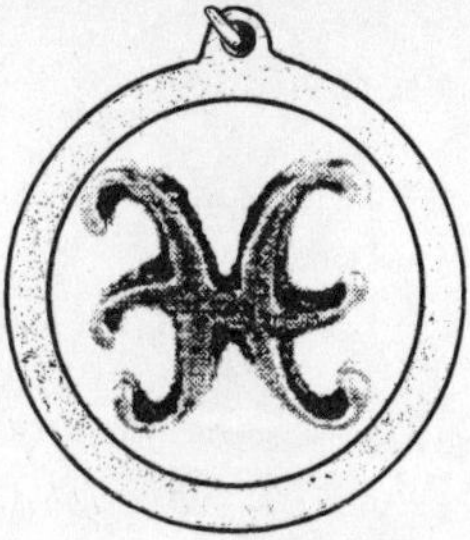 

PESCI – Pisces – Segreto

Due pesci nuotano nell'acqua. Si guardano e scivolano l'uno accanto all'altro. Sono molto agili nell'elemento liquido, ma frenati nella loro vita. Poiché non è loro indispensabile un suolo per potersi muovere o per sopravvivere, la vita reale per loro è davvero gravosa. Mentre nuotano, sognano e percepiscono le tendenze del subconscio. Non sono molto solidi e spesso si rifugiano nel loro stato di assenza.

Come talismano aiuta a:
– meditare e sognare
– esprimere compassione e altruismo
– svelare segreti

Come amuleto protegge contro:
– gli animali grossi e feroci
– i rumori e l'irrequietezza
– l'essere scoperti

Correlazione: violetto, blu / acqua / dominatore: Nettuno / ametista, fluorite, opale, pietra di luna / ruota indiana della medicina della stirpe degli orsi: puma (Luna del grande vento)

Maya

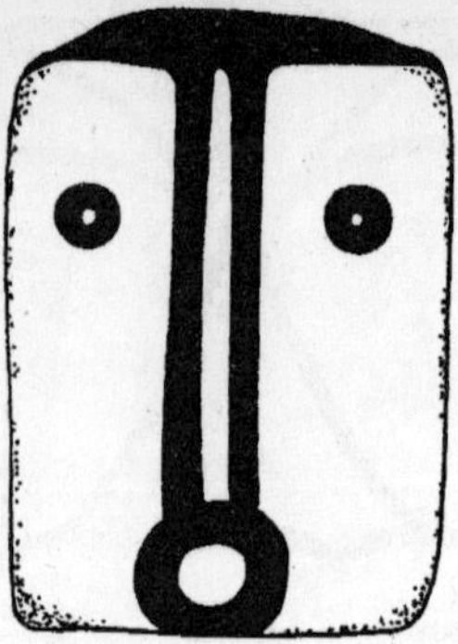

AHAU – Amore - Riunificazione

La riunificazione viene rappresentata attraverso due parti uguali, che insieme ne costituiscono una sola. Il simbolo rotondo nell'estremità inferiore rappresenta l'armonia cosmica, che nasce quando le due parti si collegano alla totalità. Mediante la vera riunificazione è possibile raggiungere la perfezione solare, poiché non ci disperdiamo più nel gioco dell'egocentrismo, ma possiamo abbandonarci all'estasi.

Come talismano aiuta a:
- simboleggiare l'amore
- imparare l'arte di accettare e di tollerare
- trovare in sé la divinità

Come amuleto protegge contro:
- le aspettative in amore
- i giudizi di valore
- l'amore condizionato

Correlazione: oro / fiore della passione, girasole / ambra, topazio, zaffiro giallo / fuoco / Sud

AKBAL – Sogno – Tempo di sogni

Mediante questo simbolo ci possiamo calare nel sonno santo, in cui possono affiorare le cose da mondi segreti. Volgiamo lo sguardo all'interno di noi stessi e intraprendiamo un viaggio in noi. Con questa esplorazione interiore entriamo in contatto con il luogo santo, con il mistero, che ha come conseguenza la serenità e la leggerezza, poiché conosciamo solo le nostre ombre. Grazie a questo simbolo è possibile esaminare i nostri sogni ed entrare in contatto con i nostri antenati e il nostro passato, per guadagnare conoscenza e facoltà interiori.

Come talismano aiuta a:
- riconoscere la propria identità ed esserne consapevoli
- osservare i propri errori come momento di apprendimento
- riconoscere e rievocare facoltà interiori

Come amuleto protegge contro:
- il punto di vista limitato
- la depressione e l'autocritica
- la paura dei cambiamenti

Correlazione: nero / assenzio, papavero, orchidea nera / resina / ossidiana, quarzo affumicato, onice, ematite / acqua / Ovest

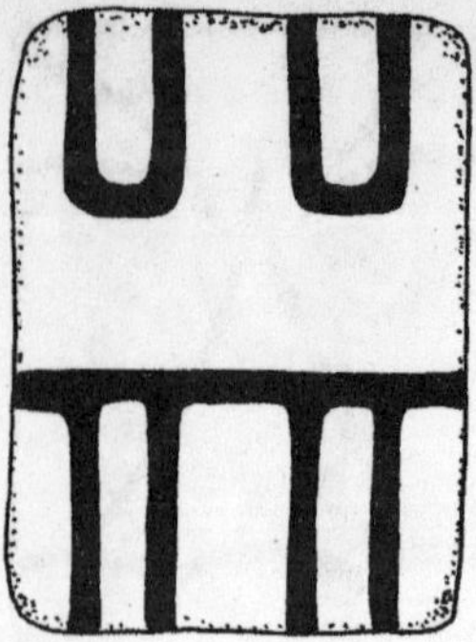

BEN – Coraggio – L'annuncio dell'angelo

Questo simbolo rappresenta il superamento di pericoli minacciosi, indicato mediante i denti superiori. Sotto sono raffigurate le strade dritte sulla terra. Il bordo indica l'ignoto. Noi rappresentiamo coloro che si muovono nel tempo e nello spazio, che si muovono cioè in un viaggio misterioso attraverso i mondi e i tempi. Quando ci imbattiamo nell'ignoto, abbiamo anche superato il pericolo e ci troviamo nei campi celesti, da cui può scaturire la nostra compassione, sviluppata dal coraggio.

Come talismano aiuta a:
- sviluppare ed esprimere il coraggio e la compassione
- osservare la vita come un viaggio sacro
- percorrere nuove strade

Come amuleto protegge contro:
- la paura dell'ignoto
- il condurre una vita troppo riservata
- l'accentuato bisogno di solitudine

Correlazione: rosso di sera / mandorla, chiodo di garofano, rosa di colore rosa / profumo di rosa / quarzo rosa, zaffiro rosa / terra / Est

CABAN – Centratura – Scudo

Questo simbolo mostra che su strade dritte e intrecciate si può giungere al centro. Entrambe le figure, una volta con una linea serpentina e un'altra con i punti, simboleggiano la contemporaneità di un accadimento e il riepilogo. Esse esprimono la forza della terra e la ricerca di tracce. Sono i simboli protettori della terra e governano i cristalli.

Come talismano aiuta a:
- vivere nel presente
- osservare, senza trarre conclusioni affrettate
- ricordare che siamo sulla terra per partecipare a un processo di sviluppo straordinario

Come amuleto protegge contro:
- la vita nel passato o nel futuro, perdendosi magari in immagini, simboli, sogni, visioni
- le conclusioni azzardate
- l'estraneità al proprio corpo terreno

Correlazione: rosso porpora / fucsia, zenzero, peonia / Nag Champa / tormalina rosa scuro, morganite (berillo rosa) / terra / Est

CAUAC – Purificazione – Riunificazione

La rappresentazione mostra l'interruzione dei limiti e, quindi, la possibilità di una riunificazione di due parti separate, che si appartengono. Attraverso il riconoscimento dell'appartenenza viene introdotta una trasformazione, che conduce alla purificazione e all'estasi finale della libertà.

Come talismano aiuta a:
– congiungersi con il proprio mondo interiore
– riunire due persone separate
– superare problemi della crescita

Come amuleto protegge contro:
– la profonda disperazione e le manie
– la rigidità corporea e la repressione
– la paura dell'ignoto

Correlazione: porpora reale / aglio, verbena / incenso, mirra / sugilite, fluorite violetta / acqua / Ovest

CHICCHAN – Entusiasmo – Passionalità

Con occhi aperti e sorridenti si affrontano le avversità. Le labbra esprimono sensualità e vitalità. La parte posteriore del capo è coperta da un copricapo e mostra così il predominio degli istinti e dei sentimenti sul pensiero. Con questo atteggiamento possono essere creati nuovi mondi.

Come talismano aiuta a:
- sperimentare la consapevolezza più elevata di sé mediante la passionalità e la corporeità
- essere in armonia con la propria coscienza
- prendere delle decisioni istintivamente

Come amuleto protegge contro:
- le decisioni abitudinarie
- la mera corporeità e il desiderio dei sensi
- la negazione della saggezza istintiva

Correlazione: rosso arancio / cardamomo, caienna, papavero, gladiolo / muschio / corniola, agata, corallo rosso / terra / Est

CHUEN – Innocenza – Umorismo

Gli occhi del corpo sono chiusi, ma il terzo occhio è molto aperto. Come un fiore si apre la bocca e tiene una perla tra le labbra. Questo volto silenziosamente trova il mare primordiale della creazione, come un bambino che eleva la sua voce spontaneamente e dice la verità in tutta la sua innocenza.

Come talismano aiuta a:
- dire la verità
- sviluppare la sensibilità
- andare incontro alla vita e alle sue sfide con umorismo

Come amuleto protegge contro:
- l'eccessiva serietà
- l'umorismo e lo scherno cattivo
- la scarsa sensibilità e la pungente derisione

Correlazione: acquamarina blu / lampone, menta, margheritina / cannella / acquamarina, turchese / acqua / Ovest

CIB – Voce interiore – Comprensione

La voce interiore guida leggiadramente e riempie l'intero spazio. Attraverso il riconoscimento di questa voce e ricevendo il suo messaggio si è capaci di scalare il percorso celestiale e di accogliere il trasporto divino e mistico. Gli orecchi sono posti su entrambi i lati, mentre il terzo occhio è aperto e rivolto verso l'alto. Qui il raggio della comprensione penetra e si occupa dello scambio tra l'interno e l'esterno.

Come talismano aiuta a:
- stabilire un collegamento con la voce divina e interiore
- sviluppare la fiducia nella propria intelligenza mistica
- comprendersi con l'ambiente circostante

Come amuleto protegge contro:
- l'insensibilità
- la trascuratezza della propria voce interiore
- la mancanza di conoscenza di una guida spirituale

Correlazione: indaco azzurro, oro / erba / caprifoglio / quarzo a doppia punta / fuoco / Sud

CIMI – Morte – Liberazione

L'immagine mostra un volto in pace, dormiente, sul quale si scorgono i tratti della dolcezza delle sue esperienze passate. Sembra aver gettato dietro di sé tutte le difficoltà e le limitazioni della vita terrena. Dalla tranquillità espressa nel viso si comprende il distacco dalle abitudini terrene e la dedizione all'immutabile.

Come talismano aiuta a:
– diventare umile e sereno
– perdonare
– abbandonare il controllo alla guida spirituale

Come amuleto protegge contro:
– la paura della morte
– la solitudine in momenti difficili
– la lotta e la resistenza

Correlazione: verde bosco / valeriana, pascolo / gardenia / malachite, giada, smeraldo, agata / aria / Nord

EB – Erba – Superfluo

La rappresentazione mostra un volto, nel quale è presente un occhio con lo sguardo rivolto verso l'alto. L'ispirazione viene versata nel corso di diverse fasi in un calice dalla forma di un cervello aperto. Da questo il volto viene animato. Si tratta dello spirito della crescita, presente in tutte le piante e in tutti gli esseri viventi, è il superfluo del tutto, che qui riempie il contenitore.

Come talismano aiuta a:
- fare del bene a se stessi
- liberarsi per la consapevolezza cosmica e fungere da canale
- riconoscere il proprio corpo come mezzo per la trasformazione

Come amuleto protegge contro:
- l'insufficienza
- la mera attività intellettuale
- la sottovalutazione della ragione

Correlazione: bronzo chiaro / zenzero / profumo dei fiori di melo / topazio, quarzo rutilo / fuoco / Sud

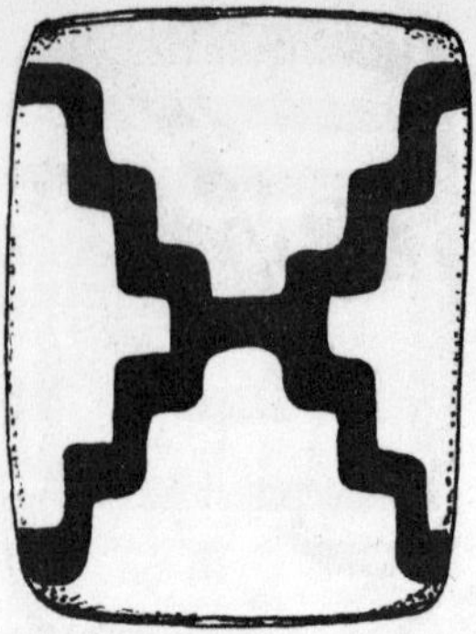

ETZNAB – Pietra focaia – Facoltà di discernimento

Entrambi i lati si rispecchiano a vicenda, ma anche dall'alto verso il basso. Per questo non è possibile riconoscere quale sia l'immagine originaria, in quanto si condizionano l'un l'altra. Penetrando tutte le immagini riflesse si giunge alla verità, tuttavia questo può avvenire solo con il vuoto completo. Nell'assenza della dimensione temporale si sperimenta la chiarezza e si diventa guerrieri spirituali, procedendo con la spada della verità spiegata coraggiosamente senza perdere di vista la sua ombra.

Come talismano aiuta a:
- riconoscere gli inganni della vita
- accettare le verità, anche quando sono scomode
- vedere l'altra verità

Come amuleto protegge contro:
- le illusioni
- il sentirsi separato dagli altri
- i giudizi, i pregiudizi e i giudizi di valore

Correlazione: argento / salvia, melograno, orchidea / limone, menta verde / diamante, pirite di colore argento / aria / Nord

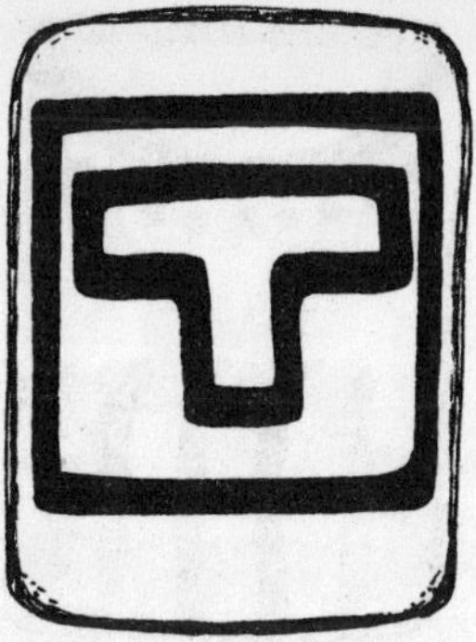

IK – Vento – Ispirazione

Lo spirito vivificante muove in una forma semplice un altrettanto semplice corpo. La sua luce luminosa irradia nell'uomo e lo anima come forza invisibile. Le tre sezioni si riferiscono alle tre dimensioni della vita terrena: altezza, larghezza, profondità. Improvvisamente e allo stesso tempo ha luogo il respiro dello spirito in tutte le dimensioni. Per questo motivo questo segno simboleggia anche il presente e la semplicità.

Come talismano aiuta a:
- riconoscere la fonte dell'ispirazione
- agire secondo la propria ispirazione
- considerarsi come una creatura viva e totale

Come amuleto protegge contro:
- il sentirsi separati dalla creazione
- l'ipercriticismo
- la solitudine

Correlazione: luce trasparente, bianca / eucalipto, erbetta, giglio / resina copale / diamante, quarzo / aria / Nord

IMIX – Acqua primordiale – Sensibilità

Sulle acque primordiali il vortice tira le sue spirali eterne, da questo si eleva il drago della saggezza. Le sue quattro antenne simboleggiano l'antica fiducia e l'ancoraggio all'acqua primordiale, che gli garantisce sempre il sostentamento. Al di sopra dell'acqua splende il sole, che rende possibile la vita nelle acque primordiali.

Come talismano aiuta a:
– avere fiducia nella fonte divina
– ottenere ciò di cui abbiamo bisogno
– comunicare agli altri i propri sentimenti, sogni e desideri

Come amuleto protegge contro:
– il donare con l'aspettativa di ricevere qualcosa in cambio
– la richiesta di garanzie e di sicurezze
– l'esigenza di ottenere conferme e riconoscimenti

Correlazione: rosso borgogna / ortica, garofani e rose dal colore rosso scuro / cedro, salvia / granato, ematite, rubino / terra / Est

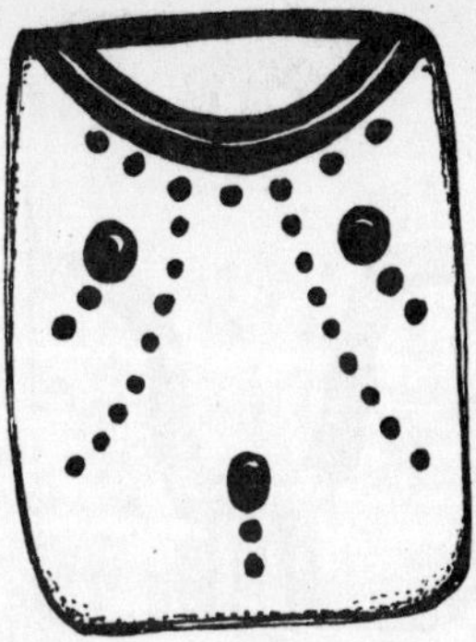

IX – Giaguaro – Sciamani

Su uno sfondo splendente nuotano degli occhi onniveggenti. Le loro strade conducono sempre verso l'alto, al riconoscimento divino e all'unione con la volontà di Dio, in modo da costituire un tutt'uno con la propria volontà. Attraverso la trasparenza diventiamo noi stessi i destinatari di magia pura, che ci può raggiungere e illuminare. L'armonia naturale vibra in noi e ci rende mediatori tra i due mondi.

Come talismano aiuta a:
– aprirsi alla magia e alle meraviglie della vita
– sperimentare l'iniziazione nei misteri infiniti
– promuovere ed esercitare le facoltà sciamaniche

Come amuleto protegge contro:
– la competitività e la volontà di controllare
– il bisogno di riconoscimenti
– le debolezze umane

Correlazione: madreperla / basilico, giglio / opale, sfera di cristallo, tormalina verde / aria / Nord

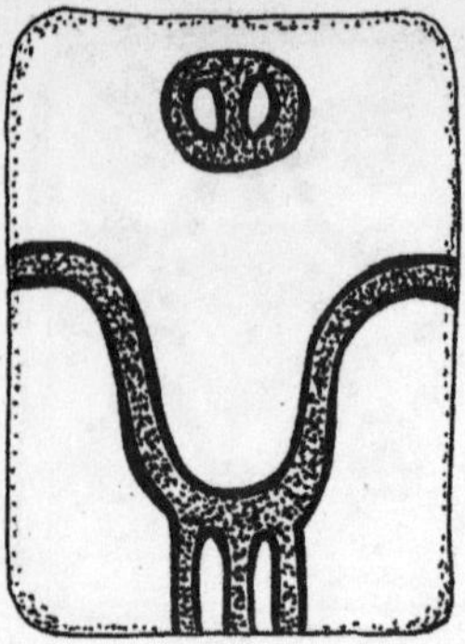

KAN – Mais – Creazione

Dal terreno fertile spunta il germoglio della sua determinazione. Le tre forze lo tengono ancora radicato nella terra, tuttavia, è aperto allo spirituale. Da questo per lui si schiudono nuove possibilità, che deve colmare con la vita, affinché possano sbocciare.

Come talismano aiuta a:
- raggiungere la consapevolezza che tutto può essere eseguito grazie alle proprie forze
- liberarsi dalle sicurezze limitanti
- realizzare i sogni e i desideri

Come amuleto protegge contro:
- la paura del rischio
- i rigidi schemi mentali
- la mancanza di fiducia in se stessi

Correlazione: giallo zafferano / girasole, dente di leone, calendula / zafferano / citrina, occhio di tigre d'oro / fuoco / Sud

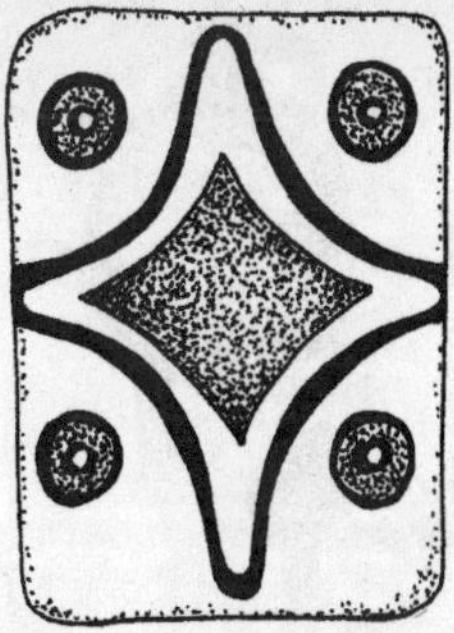

LAMAT – Amore immenso – Armonia

La grande stella è al centro dei pianeti e indica le numerose stelle nell'infinito dello spazio. La sua forma è quella dell'armonia completa. Nonostante la presenza di diverse energie, tutto oscilla nello spazio. In armonia con i pianeti, la stella indica il percorso, è la stella del Sud.

Come talismano aiuta a:
- donare amore, per allontanare tutte le discordie dalla propria vita
- vivere il presente
- trovare la retta via, per se stesso e per gli altri

Come amuleto protegge contro:
- i dubbi
- la limitazione di se stesso
- le idee irrealizzabili

Correlazione: blu del cielo serale e oro / consolida, giaggiolo, aglio / profumo di gelsomino / lapislazzuli, zaffiro stellare / fuoco / Sud

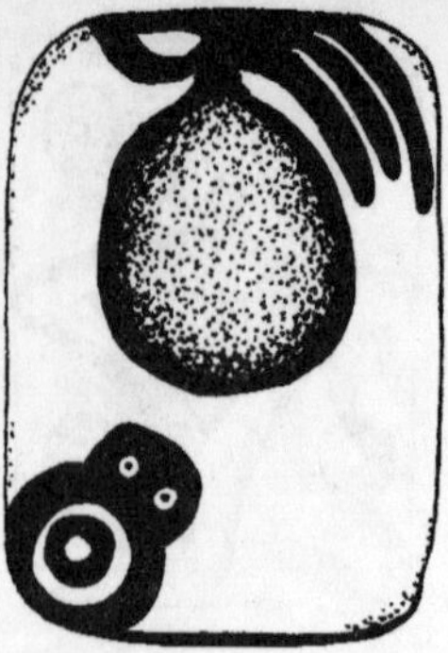

MANIK – Portone – Bellezza

Il pollice e le quattro dita della mano costituiscono un'apertura dalla quale possiamo vedere il cielo chiaro e luminoso. Tra le dita ingegnose brilla una stella. Per afferrare qualcosa, è necessario prima poter prendere questa cosa, osservarla alla luce per poterla riconoscere. Gli strumenti dello spirito possono parimenti catturare lo spirito della saggezza e della bellezza e fungere da porta verso la perfezione.

Come talismano aiuta a:
- completare le cose che sono state iniziate
- riconoscere come tali e allontanare le opposizioni e le deviazioni ostacolanti
- giungere a chiare decisioni

Come amuleto protegge contro:
- la pressione sanguigna elevata e il peso
- la paura dell'utilizzo di qualsiasi tipo di strumento
- la malvagità delle cose

Correlazione: grigio – azzurro / aster azzurro, crisantemo blu, fiordaliso / tabacco / zaffiro azzurro, quarzo azzurro, pietra lunare / acqua / Ovest

MEN – Aquila – Speranza

Un volto rivolto verso l'alto con piume sul capo rivolge il suo sguardo con occhi aperti al divino. Come un'aquila vola per afferrare la forza pura di tutte le cose e per opporsi alle limitazioni imposte dalla quotidianità. Il suo pensiero non è rivolto all'Io, ma alla totalità delle cose.

Come talismano aiuta a:
- raccogliere le proprie forze
- credere in se stessi
- riconoscere i doveri imposti

Come amuleto protegge contro:
- il sentimento di dover aiutare sempre qualcuno
- la difficoltà a dire di no
- il senso di aver perso l'amore

Correlazione: color lavanda / noce moscata, erica, lilla / profumo di lavanda / ametista / acqua / Ovest

MULUC – Gocce di pioggia – Guida divina

L'acqua sgorga dal cielo sotto forma di grandi rivoli o come soavi gocce di pioggia. Richiama l'attenzione dell'uomo sulla guida divina, che non lascia inaridire la vita sulla terra. Cresce la comprensione per la forza della vita e il ricordo della propria identità divina. Così la singola goccia di pioggia diventa il terzo occhio e la strada tra i rivoli porta all'ascesa verso la coscienza celeste.

Come talismano aiuta a:
- ottenere la guida spirituale
- comprendere il cosmo
- mostrare la propria luce e trovare sostegno negli altri

Come amuleto protegge contro:
- i monologhi sfavorevoli
- l'ottusità
- il rifiuto di una guida superiore

Correlazione: rosa pesca / erba gialla, amarillide / profumo di loto / obelisco di quarzo, agata dal colore rosa pesca / terra / Est

OC – Cane – Nuovo inizio

Un volto sorridente guarda fiducioso il mondo. Con la lingua lecca il labbro superiore, come fanno i cani, quando sono soddisfatti del cibo appena ingerito. Le tre strisce esprimono i legami che l'uomo ha con i suoi animali totem e con gli alleati. È strettamente collegato agli animali, si trovano sul corpo, come si può riconoscere dal busto nudo raffigurato nella parte superiore destra.

Come talismano aiuta a:
- creare relazioni con i totem e gli alleati
- costruire e approfondire i rapporti con le altre persone
- trovare la dualità dell'anima per i compagni spirituali

Come amuleto protegge contro:
- la gelosia e la brama di possesso
- il punto di vista limitato
- la solitudine

Correlazione: blu pavone / noce, lampone, narciso, abete blu / olio di rosmarino / crisocolla, azzurrite, tormalina blu / aria / Nord

GLIFI MAYA
– Segni grafici santi

Nell'antico regno Maya si scriveva in ideogrammi. Allo stesso modo come in Egitto, i Maya erano soliti decorare i loro templi e rappresentavano la loro storia proprio grazie all'aiuto di questi segni grafici. I segni grafici avevano significato spirituale e artistico. L'amuleto che si trova accanto è modellato secondo un'iscrizione presente sulla grande scala del Quiché-Maya nell'altopiano occidentale del Guatemala. Gli indiani Quiché avevano una profonda coscienza storica e rappresentarono la loro storia millenaria servendosi di intagli in pietra. Furono gli autori del libro santo del consiglio, il "Popol Vuh", nel quale sono descritte la loro storia e la loro cultura.

Come talismano aiuta a:
- comprendere il messaggio che si cela in tutte le forme di cultura e di arte

Come amuleto protegge contro:
- la boria e la presunzione
- la sbadataggine

Animali feticci del Sud-Ovest dell'America del Nord

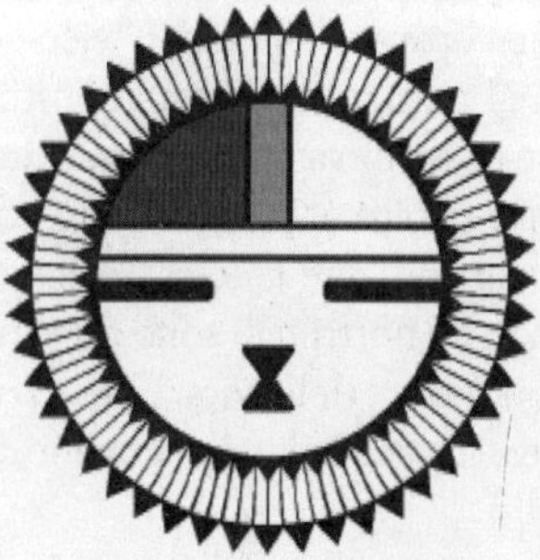

Gli animali feticci ci possono proteggere e aiutare in determinate situazioni. Pertanto, cerca un animale, che in base alle sue capacità e caratteristiche sia adatto al tuo scopo, e chiedigli di aiutarti. Con la tua preghiera gli conferisci la potenza e la forza di sostenerti in modo efficace.

ORSO – Shash[(N)] - Visione futura e passata

L'orso è un essere potente, simile all'uomo. In numerose leggende e storie viene spesso raccontato della forza aggraziata, ma terribile, con cui vaga nel territorio. Viene considerato il progenitore dell'umanità ed è il mediatore tra il cielo e la terra, poiché nella sua caverna è immerso in un sonno letargico e profondo in cui sperimenta la visione futura e la comprensione. Per questo sonno viene anche correlato alla luna: "viene e va".

L'orso che guarda al passato richiama la nostra attenzione sulle antiche verità, che possiamo ascoltare con il nostro cuore. Attraverso il suo sguardo rivolto al passato ci ricorda da dove proveniamo e ci ricorda ancora che la terra, le comunità in cui viviamo, i nostri antenati e i nostri figli sono tutti in contatto con noi mediante il filo conduttore della vita. Questo orso ci vuole ricordare proprio questo. Come i Lakota affermano: "mitakuye oyasin" (siamo tutti fratelli).

Come talismano aiuta a:
- comprendere il nostro cammino nel passato e nel futuro
- conoscere la nostra vocazione
- acquistare la forza e la salute di un orso

Come amuleto protegge contro:
- la magrezza patologica e la debolezza
- la mancanza di radici

(N) = Navajo (L) = Lakota (lingua dei Sioux)

BISONTE – Ayání$^{(N)}$; Tatanka$^{(L)}$ – Abbondanza

Il bisonte massiccio simboleggia il rispetto e il benessere materiale. Nell'antichità rappresentava il mezzo di sostentamento di tutte le stirpi indiane. L'elenco di tutte le cose che si possono realizzare grazie a lui, richiederebbero almeno tre pagine del presente libro. La scomparsa del bisonte ha segnato la fine delle antiche culture indiane della prateria. Tuttavia, ancora oggi è l'immagine della forza, della costanza e dell'abbondanza. Si preoccupa affinché tutte le nostre esigenze vengano soddisfatte e, quando appare il bisonte, la nostra vita diventa piacevole. Con somma gratitudine possiamo accettare i suoi doni.

Come talismano aiuta a:
– colmare la nostra vita sia dal punto di vista fisico che spirituale e psichico
– sviluppare una maggiore forza e costanza
– rimanere legati alla terra e saper apprezzare la quotidianità

Come amuleto protegge contro:
– la fame, la miseria e il freddo
– la svogliatezza nel lavoro

(N) = Navajo (L) = Lakota (lingua dei Sioux)

CAVALLO – Lii$^{(N)}$; Sunka tanka$^{(L)}$ – Libertà

Il cavallo è l'animale più importante per quasi tutte le stirpi indiane. Quando il cavallo arrivò in America con gli Spagnoli, iniziò un periodo favorevole per le tribù, in quanto grazie a questo animale potevano seguire i bisonti, quindi, cacciare a una velocità maggiore e raggiungere una migliore qualità di vita. Per le stirpi nomadi del Sud-Ovest, come gli Apache e i Navajo, la qualità della vita risultò altrettanto migliorata. Presto nacque perfino il passatempo di rubare i cavalli appartenenti alle altre stirpi. Il cavallo è un animale veloce e coraggioso e simboleggia la libertà. I Lakota lo chiamavano il "misterioso" (wakan) e per questo motivo è legato al Grande Spirito e all'anima.

Come talismano aiuta a:
- sviluppare il coraggio e la velocità
- conquistare la libertà
- avvicinarsi all'inconscio e riconoscere i propri sentimenti

Come amuleto protegge contro:
- la limitazione e le restrizioni
- lo scoraggiamento e il pessimismo
- i blocchi psicologici

(N) = Navajo *(L) = Lakota (lingua dei Sioux)*

PESCE – Lóó(N) – Sogni e visioni

Nei territori aridi del deserto il pesce rappresenta l'acqua che benedice e dona la vita. Esso mostra come si nuota facilmente nella corrente ed è possibile volteggiare intorno alle cose. Coglie le possibilità che gli si presentano. Le sue caratteristiche sono la percezione e la valutazione delle cose. Porta fortuna e lunga vita. Dovremmo imparare da lui a considerare il nostro percorso di vita come un'avventura e a farci trascinare da lui nel regno dei sogni e delle visioni.

Come talismano aiuta a:

- ricordare i sogni e grazie a questi prendere contatto con la propria anima
- riconoscere e seguire le visioni come un evento reale
- approfittare delle opportunità e coglierle
- considerare l'acqua come la fonte di tutte le forme di vita

Come amuleto protegge contro:

- la pretesa dell'impossibile
- il disprezzo del soprannaturale

(N) = Navajo *(L) = Lakota (lingua dei Sioux)*

AQUILA – Atsá(N); Wambli(L) – Il messaggero degli dei

L'aquila nel Sud-Ovest è il simbolo del messaggero che viene inviato agli dei. Gli Hopi a febbraio prelevano alcune giovani aquile dai loro nidi e le portano nei loro villaggi. Lì preparano per loro fino a luglio una bella vita. Le aquile vengono viziate con leccornie, ricevono giocattoli colorati e vivono sui tetti delle case del popolo. In estate vengono sacrificate durante le cerimonie, portate nelle lontane grotte rituali e lì degnamente offerte in sacrificio con i loro giocattoli. Devono raccontare agli dei degli uomini e chiedere il loro aiuto.

Come talismano aiuta a:
- chiedere aiuto a esseri superiori
- affidare le proprie preoccupazioni ai poteri celesti e trovare le possibili soluzioni

Come amuleto protegge contro:
- le crisi della fede
- i danni provocati da un fulmine

(N) = Navajo (L) = Lakota (lingua dei Sioux)

CIVETTA – Ammonimento

Nel Sud-Ovest la civetta è l'uccello dell'ammonimento. Nel caso in cui gli abitanti dei villaggi indiani, come gli Apache e i Navajo, fossero stati colpiti da una malattia contagiosa, negli alberi della zona sarebbero apparse diverse razze di civette, per avvertire i guerrieri o i cacciatori di ritorno a casa. Quando di notte una civetta attraversa la nostra strada, questa ci vuole annunciare il pericolo imminente.

Come talismano aiuta a:

– saper riconoscere in tempo i pericoli e prendere i dovuti provvedimenti
– interpretare i segnali incomprensibili
– trovare il nostro cammino anche di notte o in momenti di oscurità

Come amuleto protegge contro:

– l'emeralopia

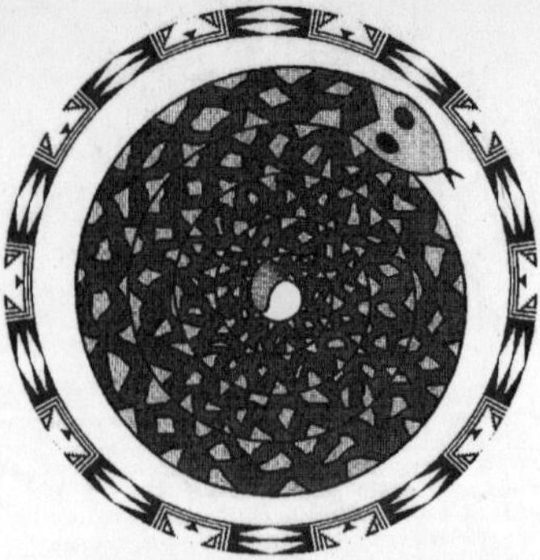

SERPENTE – Il fratello minore – Rinascita

Il serpente perde la sua pelle quando è giunto il momento propizio. Questo animale cambia sempre. È passionale fino alla morte. In base alla situazione è tranquillo e ipnotizza il suo avversario oppure si muove velocemente e lo morde con i suoi denti velenosi. La sua passionalità e la sua voglia di uccidere sono strettamente correlate, per questo il culmine dell'amore è definito "la piccola morte". Siamo vicini al Grande Spirito. Presso i pueblo il serpente richiama il lampo e il tuono, che portano la pioggia, per rendere la terra fertile e assicurare così il raccolto. Qui il serpente simboleggia il lampo grazie alla sua forma serpentina.

Come talismano aiuta a:
- trasformarsi e andare sempre un passo più in là
- non adottare mezze misure in amore
- riconoscere il momento giusto e saperlo cogliere

Come amuleto protegge contro:
- i morsi di serpenti
- il fulmine

LUCERTOLA – Tempo dei sogni

La lucertola cerca il sole e il calore, proprio come l'anima dell'uomo desidera acquisire la consapevolezza. La lucertola sogna e si unisce in questo stato con il tempo dei sogni e con le numerose e varie possibilità offerte. Essa rappresenta il cosmo infinito e l'arte e i suoi sogni da vivere, cioè creare l'arte e il proprio ambiente con le proprie forze.

Come talismano aiuta a:

- realizzare i propri sogni
- attirare la fantasia ed esprimere il proprio senso artistico
- godere il giorno, il sole e il calore; crearsi uno spazio libero in cui sia possibile vivere i sogni

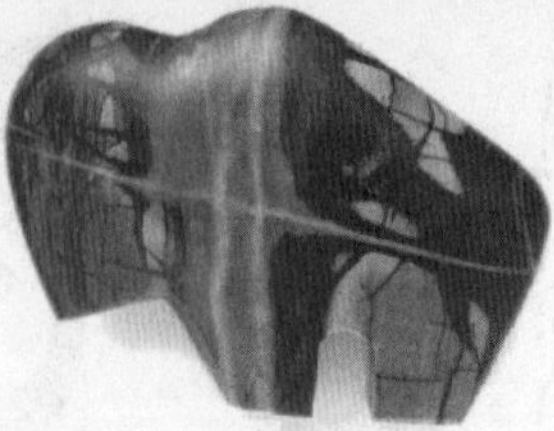

Animali feticci e catene di feticci

Gli animali di pietra vengono correlati a determinate forze, attribuite all'animale vero. In qualità di feticci devono conferire a colui che li porta le caratteristiche corrispondenti oppure proteggerlo come alleato dagli attacchi da parte di persone, animali e spiriti malvagi. Gli animali ancora oggi sono scolpiti in pietre preziose o in altri tipi di pietre e per questo sono legate alla forza delle pietre. Nella rappresentazione a sinistra in alto è illustrato un orso e a destra un bisonte di onice. Sotto entrambe le immagini si trova una catena di feticci con uccelli, orsi e coyote.

Come talismano aiuta a:
- intrattenersi con gli animali e chiedere loro aiuto
- acquisire le forze degli animali ed essere protetti contro le aggressioni

Come amuleto protegge contro:
- la fame (bisonte), la debolezza (l'orso), la tristezza (l'uccello), l'inganno (il coyote)

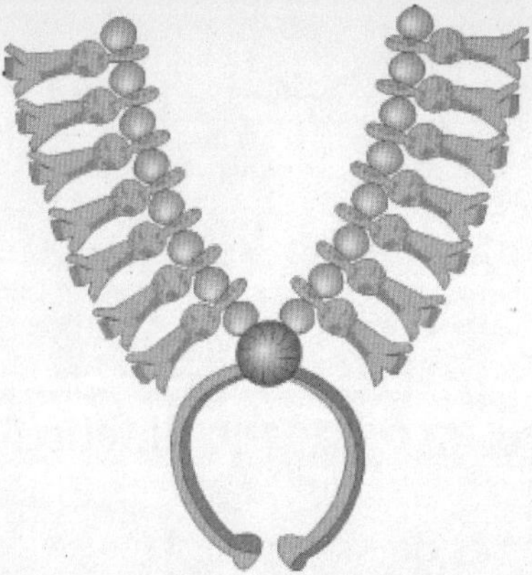

Collana di semi di zucca con Naja

Questo tipo di collana era già nota all'epoca dell'antica Roma. Le donne, infatti, erano solite indossarla per entrare in contatto con le forze lunari femminili, che conferivano loro bellezza, saggezza femminile e sentimento. In seguito, il ciondolo dalla forma della Luna portava al centro una croce isoscele, che rappresentava la Terra. Presso i Cristiani questa collana simboleggiava la madre chiesa. I popoli romanzi appendevano queste lune ai loro animali da tiro e da sella, per garantire viaggi sicuri e gli spagnoli la introdussero nel "nuovo mondo". Ai Navajo e agli Apache questa catena piacque al punto che fu adottata come monile appartenente alla stirpe. Perfino la catena di perle veniva ornata con semi di zucca argentati che indicano fertilità. Le mezzelune si chiamano Naja e Najahe, esse simboleggiano l'amore e la bellezza, le aspirazioni fondamentali di tutti i Navajo.

Spiriti Totem del Nord-Ovest americano e dei territori subartici

La parola "totem" deriva dagli indiani Algonchini e significa parentela o spirito protettore. Gli spiriti totem rappresentano nell'immaginazione mistica la comunanza del destino tra gli uomini e gli animali. L'animale totem funge da antenato e alter ego animale e gode di tabù, cioè non può essere cacciato o mangiato. Gli spiriti totem proteggono l'uomo che si affida a loro come membro della comunità e li venera.

IL PALO TOTEM
– Protezione santa

Il palo totem è il simbolo protettivo di molte stirpi del Nord-Ovest, che vivevano sulla costa dell'Oceano Pacifico. Sul palo venivano intagliate immagini di animali, scelti per la loro singolare forza spirituale e le loro particolari caratteristiche. Analogamente alle figure umane incise, essi fungono da antenati ed esplicano il rapporto tra la stirpe o il clan e i suoi antenati. I pali totem vennero eretti per proteggere questa eredità, la terra e la stirpe. Spesso l'animale seduto sulla parte superiore rappresentava un'aquila, che doveva guardare e proteggere, oppure un corvo che trasmetteva il potere della trasformazione. Si credeva che le anime degli uccelli fossero a casa in cielo e sulla terra e che potessero esercitare il loro potere tra i due mondi. Ai pali totem venivano offerti dei sacrifici, per dimostrare la propria stima verso l'antenato e l'appartenenza al clan.

Come talismano aiuta a:
– mettersi in contatto con gli antenati e gli animali, per attingere da loro forza

Come amuleto protegge contro:
– i pericoli interni ed esterni

IL CACCIATORE DI ANIME

Il cosiddetto "cacciatore di anime" è l'amuleto di uno sciamano della stirpe degli indiani Tsimshian. È fabbricato con ossa, conchiglie Abalone e cuoio. Lo sciamano lo utilizza nei suoi viaggi spirituali. Quando lo spirito ha lasciato il corpo del malato e si trova già sulla via per il regno dei morti, lo sciamano cerca con l'aiuto dell'amuleto di prenderlo e di riportarlo indietro. L'amuleto non lo aiuta solo ad afferrare l'anima, ma lo protegge anche affinché questi possa ritornare sano e salvo.

IL SOLE – Luce

Grazie alla luce del sole e al suo calore i frutti crescono e noi viviamo. Il sole vive nella casa del Grande Spirito e divide i suoi doni. Al Nord è prezioso il tempo in cui il sole è in cielo. Per quasi mezzo anno l'oscurità minaccia le regioni settentrionali. Gli uomini attendono l'estate e i benefici del sole.

Come talismano aiuta a:
- portare la luce nell'oscurità
- acquisire nuovo coraggio per vivere
- ringraziare ogni nuovo giorno con gratitudine ed eseguire anche il lavoro più umile con gioia

Come amuleto protegge contro:
- la depressione, la tristezza e la paura del domani

IL FUSO – Eterno movimento uniforme

Il piccolo uomo è uno spirito della terra. In qualità di guardiano del cielo porta in bocca un palo totem, intorno a cui gira tutto il mondo. Si occupa del movimento costante e uniforme e dell'eterno spostamento verso i mondi superiori e sulla terra. Egli ci mostra che noi anche, in qualità di semplici uomini, possiamo mantenere in movimento tutto il mondo, quando abbiamo trovato il nostro equilibrio.

Come talismano aiuta a:
- ritrovare il proprio equilibrio
- avere tutte le situazioni sotto controllo
- non sottovalutarsi

Come amuleto protegge contro:
- le vicissitudini della vita e a prendere distacco da loro
- l'insicurezza
- un punto di vista limitato

IL GUERRIERO – Agire consapevole

Come protettore del clan o della stirpe il guerriero era molto rispettato. Tutto il suo corpo veniva esercitato per reagire subito nei momenti di pericolo e il suo spirito era in profonda armonia con il corpo. Prendeva le decisioni e conduceva il clan nelle escursioni per i sentieri da lui scoperti. Nel caso in cui qualcosa non fosse chiaro, si serviva della saggezza dell'aquila, della visione del falco e delle facoltà di guida del lupo, per trovare la strada giusta per agire. La sua vita si svolgeva nella totale consapevolezza.

Come talismano aiuta a:
- sviluppare la guida spirituale e la responsabilità di sé
- ottenere un corpo ferreo e una tranquillità mentale
- mantenere la calma nelle situazioni di pericolo

Come amuleto protegge contro:
- gli attacchi
- l'insicurezza
- l'indecisione

IL SALUTO – Apertura

La mano elevata con la superficie rivolta verso l'esterno è un gesto utilizzato ampiamente per esprimere pace, amicizia e sentimenti amichevoli. Quando mostriamo entrambe le mani, comunichiamo che non abbiamo armi e che abbiamo le intenzioni più nobili. Così aperte come le mani sono in questo incontro anche i nostri cuori.

Come talismano aiuta a:
- stringere amicizie
- affrontare apertamente tutti gli uomini di questo mondo
- superare i litigi

Come amuleto protegge contro:
- i nemici
- l'avarizia e la meschinità
- l'inimicizia nei confronti degli estranei

L'AQUILA – La visione d'insieme

Analogamente alle stirpi indiane delle regioni meridionali, le stirpi del Nord-Ovest, come i Tlingit, i Kwakiutl e i Tsimshian, per nominarne alcune, considerano l'aquila l'uccello che si trova a diretto contatto con il Grande Spirito. Il suo coraggio spirituale è grande ed egli rasenta il divino. Quando un guerriero portava le piume dell'aquila, questo indicava che aveva compreso la cosa più importante e che si identificava con la forza e la potenza del dio aquila. Una cuffia di piume era il simbolo dell'uccello e del tuono e perciò dello spirito universale, le singole piume rappresentano anche i raggi del sole.

Come talismano aiuta a:

– giungere a un livello di comprensione più elevato
– osservare le cose dall'alto e riflettere
– riconoscere i propri punti di forza e sentirsi unito al Grande Spirito

IL CORVO – Magia

Il corvo condivide molti segreti con il Grande Spirito. Pertanto, dispone della magia e della forza della metamorfosi. Gli aborigeni si raccontavano delle storie per esercitare la magia sui suoi poteri. Il corvo ci insegna a vivere in modo consapevole, modesto e moderato. In alcune stirpi indiane viene raccontata la storia, in base alla quale il corvo avrebbe creato la terra. Egli ha portato nel suo becco ciottoli, che lasciava cadere nel mare, da cui sono emerse le prime isole.

Come talismano aiuta a:
– prevedere gli accadimenti futuri
– riconoscere i pericoli e superarli attraverso la metamorfosi
– condurre uno stile di vita più modesto

Come amuleto protegge contro:
– le stregonerie e la magia nera

LA CIVETTA – Viaggi astrali

La civetta crea la notte e, per questo motivo, è il simbolo della saggezza, della perspicacia e della proiezione astrale. La sua magia la conduce nelle notti prive di luce lunare e l'aiuta nella caccia silenziosa. Le sue elevate visioni le mostrano la via verso la grande saggezza. Per molte stirpi indiane la civetta era un uccello poco rassicurante. Poiché caccia di notte, possiede capacità che l'uomo non ha.

Come talismano aiuta a:

- diventare chiaroveggente e intraprendere viaggi con il corpo astrale
- poter vedere nell'oscurità; sviluppare un sesto senso
- diventare saggi attraverso le visioni

Come amuleto protegge contro:

- la cecità
- un eccessivo attaccamento alla corporeità
- la paura delle tenebre

LA BALENA – Origine

È l'alleato che conosce la storia dell'antica terra madre che scomparve tra i flutti dell'oceano. La balena canta queste canzoni e quelle delle sue creature in un canto sempre diverso. In questo modo, ci riappropriamo delle antiche leggende e teniamo viva la storia.

Come talismano aiuta a:

- sperimentare nelle antiche storie cose istruttive e utilizzarle per la nostra evoluzione
- far affiorare le cose rimosse dagli strati più profondi dell'inconscio
- riconoscere la bellezza della nostra anima

LO SPIRITO DELLA BALENA – Carità

La balena per gli indiani delle regioni polari settentrionali era quello che il bisonte rappresentava per gli indiani della prateria. Il suo corpo dava loro nutrimento, vestiti con cui coprirsi, olio per cucinare e ossi per fabbricare gli utensili e gli intagli. La divinità del mare Sedna è la protettrice delle balene.

La balena è un potente animale totemico. Gli abiti degli sciamani e gli oggetti utilizzati per i rituali erano ornati da rappresentazioni di balene. La caccia alla balena era un rituale sacro e solo a pochi cacciatori era consentito di uccidere questi potenti animali. Per rispetto e per gratitudine, gli aborigeni spesso intagliavano i protettori degli spiriti delle balene.

Come talismano aiuta a sentirsi bene anche in situazioni insolite e si preoccupa che non manchino mai le cose necessarie, cioè il cibo, i vestiti, il calore. Grazie al suo aiuto possiamo ricevere costantemente doni, ma essere anche generosi nei confronti degli altri.

L'ORCA – Sentimenti

Anche questo è un animale della protettrice delle balene Sedna, la madre delle profondità. È orgogliosa, fedele e protettrice dei suoi segreti. Quando ci avviciniamo a lei, possiamo partecipare alla saggezza delle acque.

Come talismano aiuta a:

– rispettare i nostri sentimenti ed essere orgogliosi della nostra ricchezza interiore
– rimanere fedeli
– sviluppare il senso della collettività

LA RANA – Purificazione

Anche presso le stirpi del Nord-Ovest la rana è il cantore della pioggia. La pioggia purifica i fiumi e i mari, le abitazioni e le persone. Con questo rinnova l'ambiente. La rana è la protettrice del rinnovamento. Con le soavi lacrime i sentimenti vengono purificati. Tutte le acque sante appartengono alla rana. L'anima e il corpo diventano chiari e puri.

Come talismano aiuta a:
- chiarire i propri sentimenti e liberarsi dalle antiche impurità dell'anima
- rinnovarsi nell'acqua

Come amuleto protegge contro:
- l'impurità del corpo, dei pensieri, dei sentimenti e dell'anima

IL PESCECANE – Viaggio felice

Ogni anno il pescecane attraversa il mare, migliaia di miglia, insieme ai suoi numerosi seguaci. Solo con un ingente quantità di animali viene garantita la sua sicurezza. Anche quando siamo in viaggio, dovremmo essere circondati da compagni di viaggi affini a noi, che ambiscono allo stesso obiettivo. Questo vale sia per un viaggio di affari, che per un viaggio di piacere e per il viaggio della vita.

Come talismano aiuta a:
- viaggiare felici
- giungere sicuri al luogo di destinazione
- tornare a casa sano e salvo

Come amuleto protegge contro:
- la febbre della partenza e le malattie da viaggio
- il mal di mare
- gli impedimenti durante i viaggi

IL PROCIONE – Collezionista

Il procione è l'animale totemico dell'abbondanza. È sempre impegnato a procurarsi le provviste per le giornate piovose, tuttavia, ritaglia sempre un po' di tempo per l'attività ludica. È un buon accumulatore di provviste, è sempre affaccendato e consapevole. Prima di prendere del cibo, lo lava, questo significa che lo prepara.

Come talismano aiuta a:
- avere tempo per il divertimento, nonostante il duro lavoro
- gioire del proprio lavoro
- occuparsi con coscienziosità della propria alimentazione e dell'ingestione, affinché sia sana

Come amuleto protegge contro:
- la disoccupazione
- la passione per il gioco
- la difficoltà di digestione di alcuni cibi

L'OPOSSUM – Famiglia

L'opossum si occupa della sua famiglia. Nutre i propri piccoli e li protegge valorosamente. Con un corpo e uno spirito forte e flessibile l'animale cerca bei nidi e li rende accoglienti. Come animale totemico è responsabile dell'armonia nella comunità.

Come talismano aiuta a:
- mantenere unita la famiglia e provvedere al suo sostentamento
- costruire un piacevole ambiente familiare
- lottare molto per le esigenze della famiglia

Come amuleto protegge contro:
- le disgregazioni delle unioni familiari
- i pericoli che possono minacciare i bambini
- la distrazione negli affari di famiglia

L'ORSO – Azione mirata

L'orso ha la forza delle visioni interiori. In primavera e in estate cerca il miele, che simboleggia la coscienza, e in inverno si ritira nelle caverne per ricordare gli avvenimenti dell'anno. Talvolta, questo letargo è così stressante che si sveglia e poi deve dormire come si deve per un giorno intero, prima di entrare di nuovo nella sua meditazione. Quando giunge la primavera ed esce nuovamente dalla grotta, ha nuovi obiettivi da raggiungere.

Come talismano aiuta a:
- "dormire sopra" le sue reali intenzioni e tendere a esse con determinazione
- attuare la saggezza appresa

Come amuleto protegge contro:
- le attese troppo lunghe o l'inattività
- l'agire impulsivo

IL LUPO – Capacità di guidare

È un animale sciamanico e un insegnante molto stimato. Il lupo esplora nuove strade, nuove idee e un nuovo modo di pensare. È una creatura dell'oscurità e ama la luna. Questo lo unisce al subconscio. Quando ulula alla luna, ottiene la saggezza per riconoscere la sua verità interiore.

Come talismano aiuta a:

- percorrere nuove strade e avere fiducia nella propria voce interiore
- acquisire il contatto con il subconscio nelle notti di plenilunio
- apprendere rituali sciamanici
- riattivare istinti primordiali

Animali forti delle stirpi della prateria dell'America del Nord

Gli animali forti vivono nell'aldilà. Il loro essere, vivo nella nostra immaginazione, può influire favorevolmente sulla nostra quotidianità. Ciascuno di noi ha animali forti o può acquisirli, per aumentare la forza emotiva e contrastare le influenze provenienti dall'esterno. Inoltre, essi ci donano le loro facoltà per fare in modo che occupino un posto importante del nostro essere.

Ciascuno degli animali qui descritti può parlarti in sogno o apparirti in un sogno a occhi aperti. Puoi, però, scegliere un determinato animale in base a una capacità, affinché ti aiuti e ti protegga.

CASTORO – Chá-pa(L) – Instancabilità

In diversi miti indiani il castoro porta in superficie dal fondale marino la melma, per creare la terra. Nell'area europea il castoro viene considerato come il costruttore edile, che con instancabile operosità costruisce i suoi argini. Per questo scopo lavora insieme agli altri castori.

Come talismano aiuta a:
- realizzare piccoli e grandi progetti con solerzia ed eseguire con piacere anche gli spiacevoli lavori quotidiani
- realizzare le idee e i sogni ed essere sostenuto da persone che condividono le stesse idee

Come amuleto protegge contro:
- la svogliatezza nel lavoro
- l'atteggiamento sbagliato nei confronti del lavoro e lo spreco di energie

(L) = Lakota (lingua dei Sioux)

LONTRA DI FIUME – Pta[(L)]
– Gioia di vivere

Con grazia e movimenti giocosi la lontra scorazza con i suoi piccoli nell'acqua e sulla terra. Si gode la vita, ma si prende cura degli altri, mostrando comprensione nei loro confronti e condividendo tutto con loro. Non si preoccupa di sé, ma ama la vita e tutto ciò che le arreca divertimento.

Come talismano aiuta a:
– godere la vita e saper gioire anche della fortuna degli altri
– sviluppare l'eleganza e la bellezza

Come amuleto protegge contro:
– il legame con i beni materiali e la schiavitù degli stessi
– il sentimento che la vita sia una lotta

(L) = Lakota (lingua dei Sioux)

FARFALLA – Kimi'mila^(L) – Sviluppo

La farfalla appartiene al popolo santo. Attraversa diversi stadi, fin quando può librarsi nell'aria come una creatura dai colori luminosi e variegati. Ci insegna che ogni metamorfosi, sia pur la peggiore, possiede il suo ordine. Se seguiamo quest'ordine del Grande Spirito, anche noi un giorno danzeremo belli e leggeri come una farfalla di fiore in fiore alla luce del sole.

Come talismano aiuta a:
- considerare i cambiamenti come significativi
- tollerare anche le cose che apparentemente sembrano superflue e rallegrarsi della bellezza

Come amuleto protegge contro:
- l'atteggiamento secondo cui si vive solo per lavorare

(L) = Lakota (lingua dei Sioux)

COLIBRÍ – Amore

Questo uccello è davvero minuscolo e può volare come più gli aggrada, perfino stando fermo. Il suo lungo becco appuntito vaga nei calici dei fiori e ne succhia il nettare. Per il suo piumaggio colorato e per il suo volo vivace questo animale simboleggia la gioia e l'ebbrezza della fortuna. Irradia bellezza e amore. Huitzilopochtli, il dio azteco della guerra, e Quetzalcoatl, un dio importante dei Maya, portavano le sue piume come mantello a causa delle loro facoltà magiche.

Come talismano aiuta a:
- diffondere e attrarre la fortuna e l'amore
- far nascere la bellezza e dedicarsi alle cose belle
- riorganizzare l'alimentazione per il benessere del corpo, dello spirito e dell'anima

Come amuleto protegge contro:
- le situazioni nelle quali ci si sente limitati
- le angosce e le preoccupazioni

COYOTE – Ma shle-cha(L) – Ma'ii(N) – Briccone

Il coyote ha due volti: da un lato funge da creatore del mondo con tutte le sue insensatezze, dall'altro, appare come un birbante, che desidera abbindolare gli altri e abbastanza spesso rimane vittima dei suoi scherzi. Compie sempre gli stessi errori, perché non prende atto di ciò che appare in modo molto esplicito. Con lui riusciamo a superare situazioni che sembrano impossibili; tuttavia proprio queste ci aiutano nella nostra evoluzione.

Come talismano aiuta a:

- non cercare la colpa negli altri
- ridere di noi stessi
- guardare con stregonerie e magie dietro l'apparenza delle immagini
- considerare la morte come mezzo per raggiungere la vita eterna

(N) = Navajo (L) = Lakota (lingua dei Sioux)

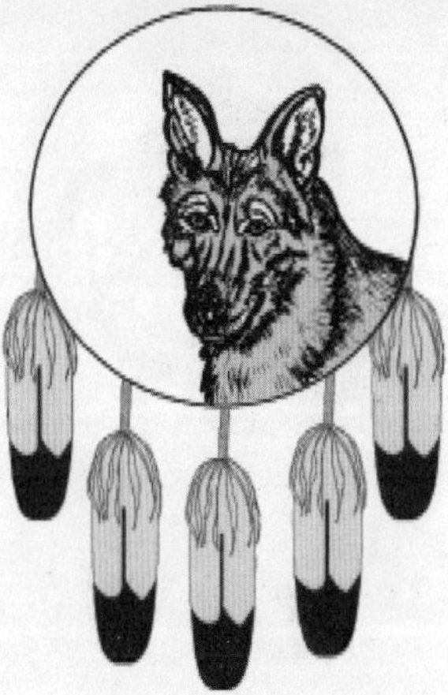

CANE – Sun'ka[L] – Fedeltà

È il migliore amico dell'uomo. Prima dell'arrivo del cavallo, gli indiani erano già in compagnia dei cani. Erano i guardiani e i pulitori dei villaggi. Il cane si caratterizza per la sua fedeltà e la sua sincerità. L'amore nei confronti del padrone va oltre la morte. Il cane si preoccupa che anche nel regno dei morti venga usata clemenza.

Come talismano aiuta a:
- prendere sul serio la fedeltà e i suoi seguaci
- sviluppare il sentimento della compassione
- essere vigile e saper riconoscere gli auspici, per poter fare quanto è necessario

Come amuleto protegge contro:
- i nemici e le aggressioni

(L) = Lakota (lingua dei Sioux)

DELFINO – Forza vitale

Questo animale vive nell'acqua, tuttavia, è un mammifero. È colui che conserva il respiro. Il delfino è la personificazione della coscienza collettiva. Con lui tutto si esprime con la forma Noi. Egli non ha una propria personalità, ma è collegato al ritmo della vita.

Come talismano aiuta a:
- meditare
- animare le forze corporali
- respirare liberamente e comprendere gli altri
- comprendere i grandi legami all'interno di un gruppo

Come amuleto protegge contro:
- l'annegamento e il soffocamento

SALMONE – Tenacia di propositi

Con forza e costanza il salmone cerca, non influenzato da ostacoli apparentemente insormontabili, il luogo della sua nascita, per deporre lì le uova. Nuota contro corrente, considerando solo il suo compito di conservare la specie. Attraverso la ricerca del suo luogo di nascita, egli entra in contatto con la rinascita e la linea ereditaria.

Come talismano aiuta a:
- ritornare ai propri antenati e alle proprie radici, per ricavare nuova forza
- considerare i propri compiti come naturali e affrontarli con consapevolezza e amore per il dovere
- nuotare anche qualche volta contro corrente, quando l'obiettivo lo richiede

Come amuleto protegge contro:
- il pericolo di essere trascinati

AQUILA – Wambli(L) – Guarigione

L'aquila si eleva alta nell'aria come nessun altro uccello. Può guardare direttamente il sole. Alcune stirpi indiane credevano che potesse volare fin nelle case celesti. L'aquila ci unisce al Grande Spirito e alla nostra stessa anima.

Come talismano aiuta a:
- avere le visioni ed essere illuminato
- sviluppare tutte le capacità dell'aquila: la forza, il coraggio, la costanza, la capacità di difendere, l'inviolabilità, la velocità, l'agilità, la capacità di osservare, la percettività, l'attenzione
- rimettersi completamente in salute

Come amuleto protegge contro:
- la paura
- la paura della verità

(L) = Lakota (lingua dei Sioux)

FALCO – Pisko(L) – Visione completa

Il falco è un ammonitore, ma anche un velocissimo cacciatore. Con il suo sguardo acuto penetra nella quotidianità e richiama la nostra attenzione sulle cose segrete. La sua memoria è molto potente e dal suo tesoro di esperienze può sempre ritrovare delle possibilità che ci aiutano ad affrontare meglio le esperienze del presente. Dalla sua posizione elevata può intercettare i pericoli, ma anche le situazioni favorevoli.

Come talismano aiuta a:

- migliorare la capacità di osservazione, la facoltà visiva e a diventare più attenti
- sfruttare subito le opportunità e a proprio piacimento
- ricevere una notizia importante
- raggiungere la libertà dello spirito

Come amuleto protegge contro:

- la miopia
- le lunghe esitazioni

(L) = *Lakota (lingua dei Sioux)*

CONIGLIO – Tinmastinka(L) – Fertilità

Poiché il coniglio è così amichevole e non dispone di di armi proprie, il Grande Spirito lo ha creato dotato di estrema velocità. Inoltre, gli è stata conferita la grande qualità della fertilità, per assicurare la stabilità e la continuità della sua stirpe. Prova dolci e allo stesso tempo terribili sentimenti. Con il suo grande naso annusa sempre il pericolo imminente. È un esempio che quello che si teme accade davvero. Tuttavia, lui e i suoi piccoli sanno nascondersi bene e i conigli maschi sono anche degli ottimi lottatori.

Come talismano aiuta a:
– essere attraenti fisicamente e fertili
– agire in modo intuitivo e reagire velocemente
– rendere consapevole l'inconscio

(L) = Lakota (lingua dei Sioux)

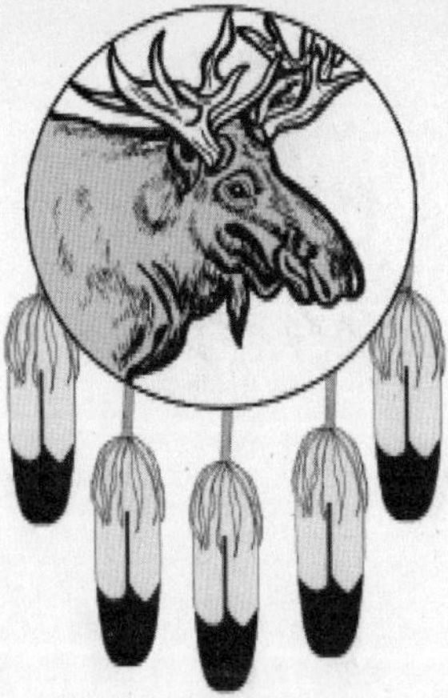

ALCE – He-há-ka(L) – Esperienze di vita

Senza lasciarsi influenzare o limitare da ostacoli di sorta, l'alce apre la strada, quando la sua compagna lo chiama. Felice esprime la sua gioia. L'alce possiede tutte le qualità degne di considerazione di una stirpe antichissima ed è capace di stimare e di incoraggiare gli altri. È un buon compagno, ma sa mostrare la sua rabbia. Presso i Sioux viene associato al vortice.

Come talismano aiuta a:

- stringere e mantenere nuove amicizie
- seguire il richiamo della vita e unirsi con un compagno con gli stessi diritti
- dimostrare coraggio, costanza, forza e rapidità nelle situazioni lavorative di stress e vincere grazie a questo atteggiamento
- dividere le gioie del successo con gli altri

(L) = Lakota (lingua dei Sioux)

CIVETTA – Hinhan'sa(L) – Chiaroveggenza

La civetta ha diversi significati secondo la stirpe indiana. Da alcuni viene apprezzata per la sua saggezza e le sue qualità di riuscire a vedere nell'oscurità. Infatti, può trovare le cose perse e possiede virtù terapeutiche. Da altri viene considerato come un animale un po' inquietante, il suo grido annuncia la morte ed è un cattivo presagio.

Come talismano aiuta a:
- riconoscere l'invisibile e il misterioso
- sviluppare i sensi interiori e l'intuizione
- manifestare le intenzioni degli altri

(L) = Lakota (lingua dei Sioux)

CORVO – Kangi'tanka – Ampliamento della coscienza

Il corvo cambia misteriosamente il suo colore, il suo piumaggio nero è come la porta verso l'infinito. Si trova direttamente in contatto con il Grande Spirito e chi per il benessere degli altri introduce una propria magia, può ricevere da lui virtù curative, che riesce a conferire anche attraverso distanze enormi. Il corvo predice anche il futuro, affinché siamo già preparati e possiamo accettare i cambiamenti necessari.

Come talismano aiuta a:
- fare eseguire le cerimonie e determinare la guarigione
- intraprendere i viaggi sciamanici
- abbandonare i falsi atteggiamenti e provare entusiasmo nella vita

RANA – Gnaska(L) – Purificazione

La rana è la portatrice della pioggia. Il suo verso attira l'acqua, affinché la terra possa essere ripulita. L'acqua purifica anche il corpo preparandolo, in questo modo, per la cerimonia. L'acqua della rana ripulisce il fango del cervello e rischiara lo spirito. Attraverso lei apprendiamo i percorsi di collegamento tra i mondi, il mondo terreno e quello spirituale e diventiamo così sciamani. Possiamo fungere da guaritori o medium nel nostro ambiente, liberare un luogo da forze negative e alleviare le sofferenze dei malati. In questo modo, abbiamo trasformato noi e il nostro ambiente di appartenenza.

Come talismano aiuta a:

- liberarci da antiche preoccupazioni e aprire le porte verso il mondo della spiritualità
- considerare l'acqua come la componente principale del nostro corpo
- diventare trasparenti e puliti
- osare il grande passo

(L) = Lakota (lingua dei Sioux)

TARTARUGA – Patkasala(L) – Messa a terra

La leggenda racconta che la tartaruga deponeva il fango sul proprio dorso da cui creava la terra. Alla fine plasmava tutte le creature viventi. In qualità di animale forte la tartaruga ci conferisce la stabilità necessaria per ancorarci nei nostri viaggi attraverso il regno spirituale, per rendere possibile il ritorno. Ci mostra anche che non dobbiamo più affannarci, che la forza risiede nella prudenza e nel silenzio.

Come talismano aiuta a:

– proteggere i sentimenti e qualche volta a rimanere invisibili
– avere pazienza e mostrare la giusta maturazione
– sentirsi sicuri ed essere concreti

(L) = Lakota (lingua dei Sioux)

LUPO – Sunkma'nitu tanka(L) – Insegnante

Il lupo è un instancabile escursionista. Attraversa veloce il paese e ritorna al suo branco, con le numerose esperienze raccolte. Il suo fiuto sensibile e il suo istinto sono così fini e sviluppati, che può intuire anche a miglia di distanza un pericolo imminente. È legato alla sua compagna da un rapporto stretto, in cui per tutta la vita viene rispettato il valore della fedeltà. Da lui possiamo sicuramente apprendere la condotta di vita equilibrata e il coraggio di proteggere la sua compagna.

Come talismano aiuta a:

- riscoprire le antiche conoscenze ormai dimenticate
- rispondere direttamente per gli appartenenti al suo branco e rimanere con loro
- sviluppare l'attenzione e farsi condurre da tutto ciò che esiste al momento

(L) = Lakota (lingua dei Sioux)

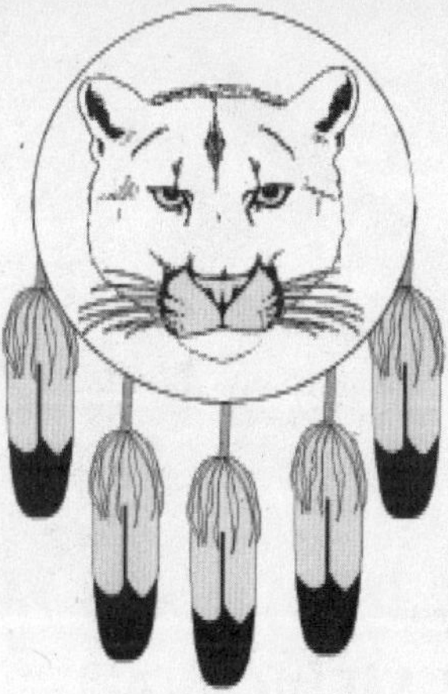

LEONE DI MONTAGNA
– I-gumúta^{n}-ka(L) – Energica avvenenza

È nato per guidare e comprende come esercitare influenza sulle situazioni per volgerle secondo il suo intendimento. Egli non ha bisogno di nessuno che lo aiuti o che colga per lui le opportunità che si presentano. Egli possiede la forza, la determinazione, la previsione e la responsabilità di sé. Egli agisce, invece di ritrarsi. La sua flessibilità, potenza nel salto e l'equilibrio, fanno di lui un vero dominatore. Possiamo imparare da lui, a mantenere il nostro corpo, la nostra mente e il nostro spirito in equilibrio e a percorrere la strada della verità del cuore.

Come talismano aiuta a:
- assumere la guida di un gruppo con le relative responsabilità
- incrementare la flessibilità fisica e spirituale
- scoprire la propria verità e seguirla incondizionatamente

(L) = Lakota (lingua dei Sioux)

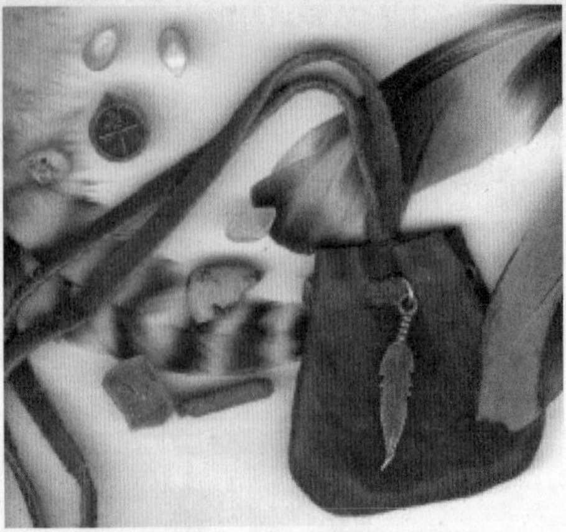

BORSA DI MEDICINA
– Jish(N) – protezione personale

Questi sacchetti venivano portati da molte stirpi aborigene nordamericane sia al collo che alla cintola. Non esiste una borsa di medicina uguale ad un'altra: ciascuna è singolare, come il suo portatore, e dal suo contenuto si può comprendere qualcosa sul suo portatore. Ancora oggi i giovani Navajo si recano alle quattro montagne sacre, per farsi regalare da queste pietre per il loro "jish". Possiamo creare o comprare diversi tipi di borse di medicina, riempiendole con oggetti utili per il raggiungimento di un determinato scopo. Un breve esame della situazione ti aiuterà a poter comporre con le tue mani la tua borsa di medicina.

Ciascun sacchetto dovrebbe essere costituito da elementi del mondo animale, vegetale e minerale. Per quanto riguarda gli animali, si può trattare di sculture o raffigurazioni, quando non sono disponibili elementi originali, quali artigli, ossi o peli. Pezzi di stoffa colorata conferiscono effetti magici al sacchetto.

Per alimentare gli spiriti invocati e onorarli, nel sacchetto è a disposizione del mais, dei baccelli di fagioli rossi o bianchi, dei semi di zucca, di girasole o dei pinoli. Qualsiasi aggiunta personale rafforza l'effetto del talismano della borsa di medicina. Si può trattare, ad esempio, di un paio dei propri capelli o di unghia delle dita. Secondo la fede indiana, i capelli in parte sono la sede dell'anima; così sono in collegamento con il Grande Spirito.

(N) = Navajo

COLORI

Rosso = fiducia
Giallo = visione
Arancio = equilibrio
Verde = crescita, raccolto ricco
Blu = fedeltà
Viola = saggezza

ANIMALI

Orso = famiglia, protezione della famiglia e dei figli
Vipera = abilità nel costruire, operosità
Bue = benessere, abbondanza
Coyote = equilibrio, armonia, il sentiero dell'armonia
Lucertola = movimento, perfino in condizioni difficili
Falco = ascoltatore, osservatore
Volpe = astuzia, artista della sopravvivenza
Coniglio = vigilanza, velocità
Cervo = combinazione di corpo e anima, che conduce alla salute
Cavallo = incoraggiamento, personificazione della forza
Corvo = mago, conosciamo noi stessi e gli altri
Lupo = esploratore, egli indica la strada giusta

PUNTO CARDINALE

Nord = consiglio saggio, che conduce alla decisione saggia
Est = illuminazione
Sud = protezione
Ovest = verità personale

PIANTE

Melo = passione
Eucalipto = equilibrio
Gelsomino = fiducia
Lavanda = forza
Pino = ristoro
Rosmarino = temperamento vivace
Salvia = purificazione
Sandalo = armonia
Ginepro = concentrazione
Cedro = conforto

PIETRE

Agata = coraggio
Ambra = romanza
Cristallo di rocca = chiarezza
Ematite = visioni
Diaspro = benessere
Ossidiana = protezione
Occhio di tigre = coraggio
Turchese = guarigione

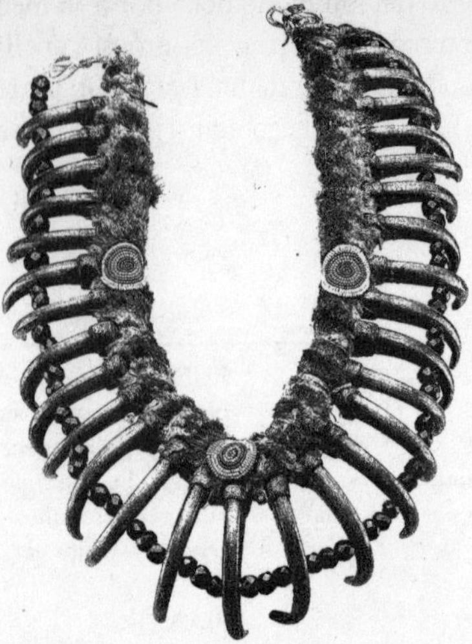

COLLANA DI ARTIGLI DEGLI ORSI – Condizione e dignità

I capi di molti stirpi indiane portavano tali collane, che erano costituite da artigli e dal pelo degli orsi uccisi. Solo i guerrieri, che si erano distinti in battaglia per saggezza, coraggio e attitudine alla caccia, venivano scelti come capi. Per questo motivo, le catene comprovavano che colui che le indossava aveva riportato particolare valore, forza e coraggio in battaglia, per poter uccidere animali così forti. Questa forza veniva trasmessa dall'orso al guerriero e al cacciatore. Inoltre, gli indiani credevano che l'essenza degli animali e la loro forza vitale risiedesse negli ossi e negli artigli (in altri animali anche nelle corna). Le rosette di perle simboleggiano il sole e creano il collegamento con il Grande Spirito.

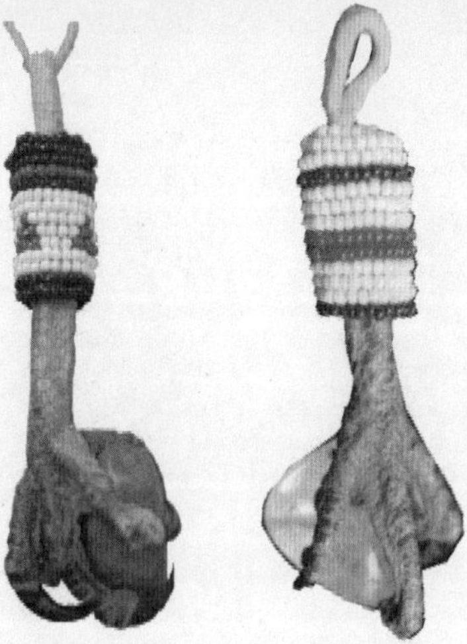

ARTIGLI DI UCCELLI CON PIETRE

Molti indiani erano soliti portare al collo gli artigli di uccelli catturati nel momento in cui prendevano delle pietre. Gli artigli provenivano da animali potenti, quali aquile, falchi o corvi e trasferivano la loro forza a colui che li possedeva. Per gli indiani le pietre avevano un significato particolare, poiché venivano trovate durante delle apparizioni o come dono per l'onore. Gli indiani creavano corrispondenze tra la forza determinata della pietra con quella dell'uccello e questa forza combinata veniva trasmessa al portatore, affinché potesse trovare la giusta via verso il Grande Spirito.

Talismani e Amuleti da diverse culture ed epoche

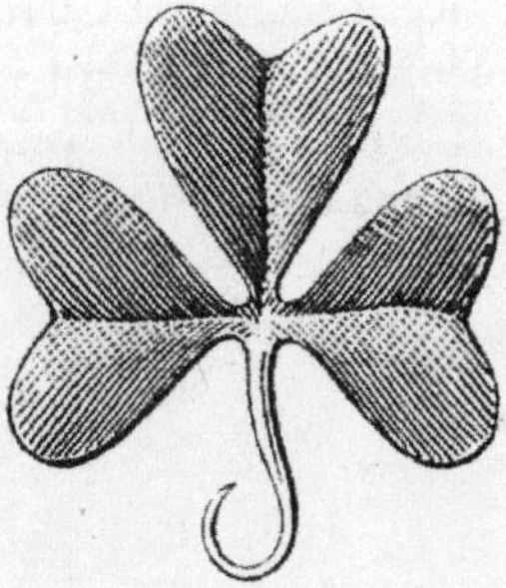

ASTARTE – Fertilità

Questo ciondolo dorato fu creato nel 1600 a.C. in Fenicia e raffigura Astarte, la dea dell'amore e della fertilità. Chiari appaiono gli attributi sessuali, come il seno e il triangolo pubico. Il ciondolo doveva conferire alle donne la forza dell'attrazione sessuale e renderle così fertili. L'oro indica che questo talismano è stato indossato da una donna ricca, che forse si trovava perfino nel tempio della sacerdotessa Astarte.

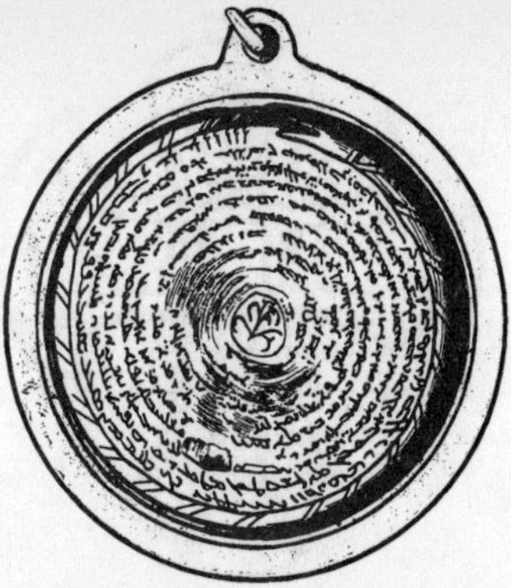

TRAPPOLA DEL DIAVOLO – Fortuna

Da secoli le preghiere e le benedizioni costituiscono parte fondamentale della vita religiosa dell'umanità. Accanto a queste vanno annoverati anche i giuramenti, con i quali è possibile richiamare le cose buone e allontanare quelle cattive. La raffigurazione mostra una "trappola del diavolo" assiro – semitica, come era utilizzata circa 6.000 anni fa. La scrittura ebraica, almeno così pare, della trappola del diavolo presenta una forma elicoidale in una ciotola orientata dall'esterno verso l'interno, per afferrare la malvagità e la sfortuna e legarli insieme. Bisognerebbe perdersi nella scrittura confusa della preghiera e nella spirale e non ritrovarsi più.

Come talismano aiuta a:
- neutralizzare le negatività e attrarre la fortuna
- impedire fin dall'inizio una disgrazia
- vedere la cattiveria come qualcosa che può essere combattuto e vinto

Come amuleto protegge contro:
- le sciagure e i pericoli
- il potere della cattiveria

DOPPIA ASCIA – Forza

L'ascia qui raffigurata è una doppia ascia cretese. Entrambi i tagli curvi indicano la luna crescente e calante. Per questo motivo, è diventata il simbolo della natura femminile, sebbene l'ascia rappresenti un segno di potenza e dignità. I sovrani volevano così esplicare il loro affetto verso la femminilità e le loro origini. La doppia ascia aveva lo stesso significato nel Vicino Oriente e nell'Europa del Nord. Nell'Induismo e nel Buddismo procura consapevolezza e spezza il circolo della nascita, morte e rinascita. In Cina all'ascia sono associati i valori della giustizia, dell'autorità, della punizione e lì simboleggia la morte.

Come talismano aiuta a:

– sviluppare la forza di carattere e la nobiltà d'animo
– diventare consapevole ed esercitare la giustizia

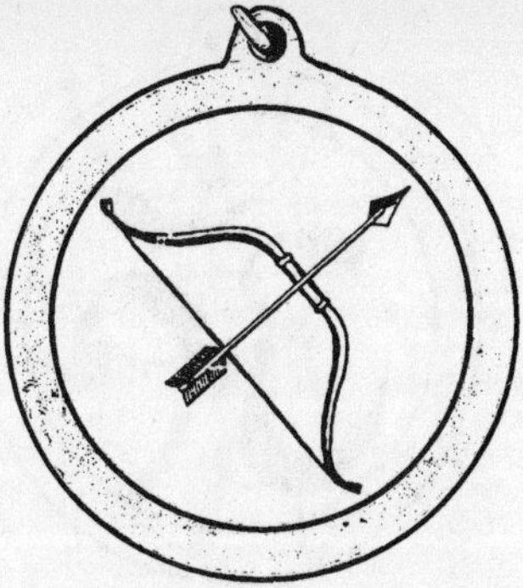

FRECCIA E ARCO – Potere

La freccia personifica la velocità, mentre l'arco l'energia. L'arco viene collegato alla luna, è sacro alla dea della caccia. La freccia rappresenta il movimento, supera i confini e in velocità equivale a un raggio di sole e per questo simboleggia la conoscenza. L'arco è *femminile*, mentre la freccia è *maschile*, e per questo viene creato un certo nesso con la sensualità e la passione, da cui la freccia dell'amore di Cupido. Il tiro con l'arco è molto diffuso nella tradizione delle culture orientali. Deve avere come conseguenza l'abbandono della volontà indotta dall'io: lo scudo, l'arco, la freccia e l'obiettivo sono un'unica cosa.

Come talismano aiuta a:
– superare l'egoismo
– vivere il presente
– raggiungere l'Io più elevato

Come amuleto protegge contro:
– la debolezza
– la mancanza di obiettivi
– l'impotenza

OM – Sillaba originaria

OM è il primo suono della creazione, del respiro che appartiene alla parola. Grazie a questa sillaba è stato creato tutto. Essa non appartiene ed esisteva prima della formazione dei vocaboli. Solo attraverso il suono e la corretta pronuncia possono costituirsi interi mondi. Una continua ripetizione conduce a una profonda meditazione e all'illuminazione. OM simboleggia tre stadi della vita: veglia, sogno e sonno profondo.

Come talismano aiuta a:
- trovare il silenzio e la pace
- considerarsi parte della creazione e unirsi con l'assoluto
- sperimentare il silenzio assoluto

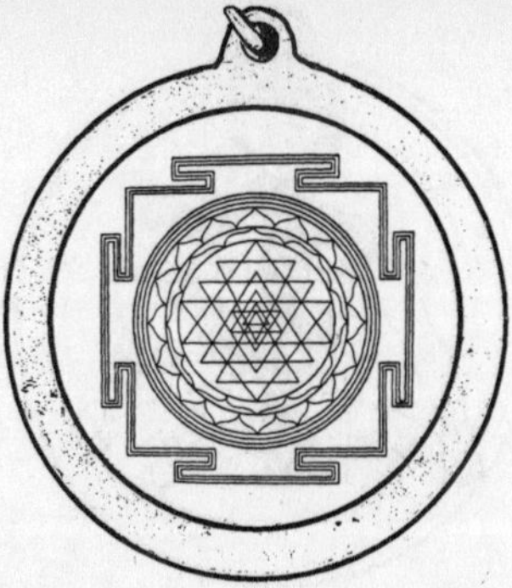

SRI YANTRA – Forza creatrice

Questo è il più sacro di tutti i simboli di meditazione induisti e buddisti. Esso rappresenta i numerosi livelli della coscienza. L'elemento maschile e quello femminile vengono uniti in triangoli, rivolti verso l'alto o verso il basso. Ciascuno di questi triangoli simboleggia una realtà cosmica. Il motivo del triangolo è incorniciato dalle foglie di loto, il simbolo dell'illuminazione, a cui si giunge per mezzo della meditazione e dello Sri Yantra. I quattro rettangoli esterni sono i portoni della conoscenza. Attraverso questi portoni lo spirito del meditante entra nello Yantra, durante il raccoglimento si pone al centro e dopo l'illuminazione lo lascia sempre attraverso gli stessi portoni.

Come talismano aiuta a:
- svelare la verità
- partecipare alla forza creatrice del cosmo
- condurre viaggi astrali
- giungere all'illuminazione

KUNDALINI – Forza vitale

Un uomo siede nella posizione del loto e medita. I sette Chakra (centri di forza) e le loro correnti energetiche sono mostrate sul suo corpo. Nel chakra inferiore (chakra della radice) si trova la forza vitale (kundalini), come un serpente che dorme ed è avvolto su se stesso. Grazie alla meditazione può essere risvegliata. Si innalza quindi lungo i chakra fino all'apice. Non appena ha raggiunto il chakra del capo, questo si schiude all'illuminazione, proprio come un loto dai numerosissimi petali.

Come talismano aiuta a:

- risvegliare la forza vitale
- attivare i chakra
- conseguire l'illuminazione

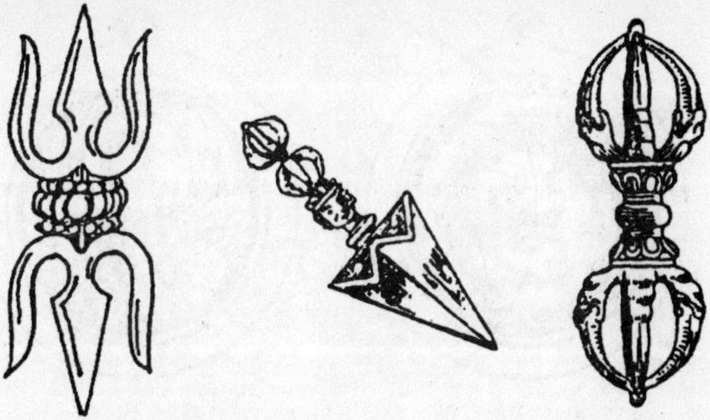

DORJE (budd.) – VAJRA (ind.) – Cuneo

In origine il cuneo o il tridente apparteneva a Indra e fungeva da arma. Il pugnale a doppio taglio (al centro) è una varietà di questo. In seguito, Shiva assunse il cuneo come scettro di diamante. Per questo divenne il simbolo dell'invulnerabilità e dell'invincibilità. Nel buddismo rappresenta il principio maschile imperturbabile. Quando il cuneo (a destra) viene incrociato da un secondo, nasce il Vishvavajra, il simbolo del completamento di tutte le azioni in tutti i punti cardinali. Il chiodo (al centro) serve per inchiodare i demoni, che vogliono contrastare l'insegnamento. Nella Dorje buddista (a sinistra) si riconosce la somiglianza con lo scettro di Thor (vedere il capitolo sulle rune).

Come talismano aiuta a:
- percorrere la retta via
- non lasciarsi fuorviare
- cercare di giungere a un perfezionamento di sé

DRAGO & FENICE – Inseparabilità

Entrambi gli animali leggendari in Cina sono simboli potenti, poiché essi rappresentano il potere del trono dell'imperatore. Un drago simboleggia il sovrano, una fenice la sovrana. L'immagine del drago procura fortuna, benessere e pioggia celeste, mentre l'immagine della fenice simboleggia la bellezza, la longevità e il rinnovamento. Entrambi i simboli rappresentano tutte le benedizioni di una lunga vita.

Come talismano aiuta a:

- costituire una meravigliosa unione e godere di questa per tutta la vita
- sollevarsi come una fenice dalla cenere di una vita attuale ed essere felice come un drago
- iniziare un'amicizia inseparabile

PORTAFORTUNA CINESI

Pipistrelli circondano il simbolo della fortuna. In Cina essi simboleggiano la fortuna, poiché le parole cinesi per fortuna e pipistrello suonano allo stesso modo: FU. Vivono negli antri, che i Cinesi considerano l'ingresso dell'aldilà, e per questa ragione, si credeva che fossero immortali. Quando questi simboli circondano un segno di fortuna e lunga vita, si rafforza la loro potenza per sempre. In Corea il segno a sinistra significa gioia e fortuna. A destra si trova il segno "shou", che indica lunga vita. Si tratta di uno dei tre simboli cinesi della longevità o dell'immortalità. Talvolta, viene anche rappresentato con altre immagini, con il pino o con la tartaruga. Con un pesco per una coppia di sposi simboleggia il desiderio di un lungo e felice matrimonio.

Come talismano aiuta a:

- attrarre la felicità
- vivere molto a lungo felicemente
- conservarsi fino alla vecchiaia inoltrata in buona salute

Talismano nero su carta

Il talismano è ottagonale, poiché si riferisce all'elemento acqua, ma anche al sacro numero 8. Nel libro dei mutamenti, I-Ching, ci sono otto trigrammi, che combinati tra loro formano 64 esagrammi. Il talismano è coperto dalla scrittura delle nuvole, che proprio come due occhi confluiscono al centro. L'acqua e le nuvole vengono uniti dai taoisti come due elementi, per costituire l'armonia desiderata.

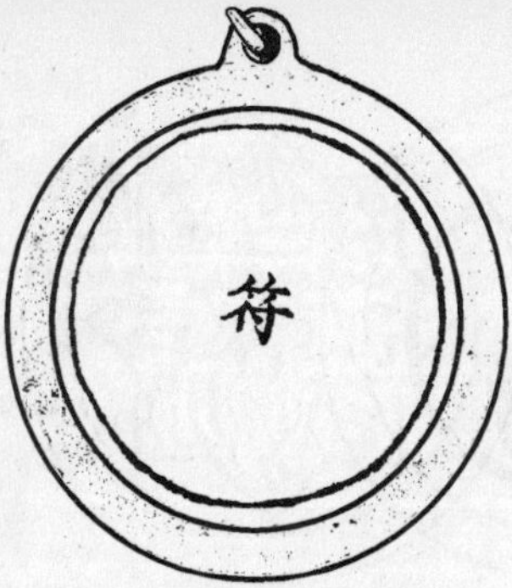

Grande talismano circolare

Nell'arte del taoismo il cerchio unisce la semplicità con la perfezione, il vuoto con il pieno. L'invisibile e il visibile sono strettamente collegati tra loro. La continuità futura e gli accadimenti ricorrenti mostrano il mutamento e il movimento. Nel talismano raffigurato accanto, viene evocata la forza mistica e filosofica di questo pensiero.

Come talismano aiuta a:

- riconoscere il tao
- fluire con gli eventi e vivere nel rispetto della legalità

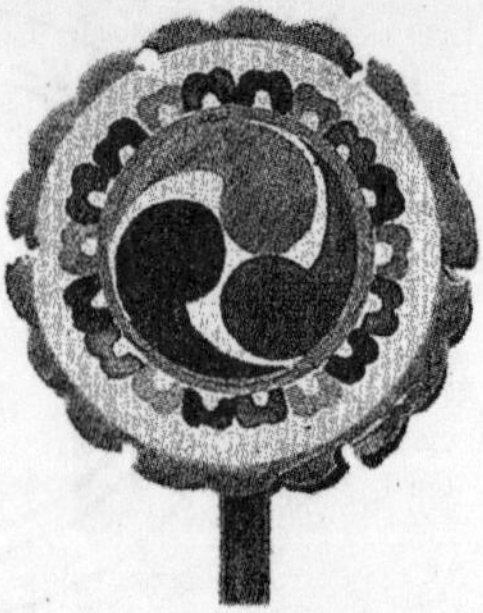

MITSU DOMO – Triplice protezione

Il vortice (Triskel) ricorre in quasi tutte le culture (vedere il capitolo sui Celti), anche se bisogna pensare che si è diffuso attraverso le migrazioni dei popoli. L'amuleto a sinistra porta un vortice giapponese con il nome Mitsu Domo. I tre cerchi l'uno interno all'altro rappresentano il corso del sole nel cielo: giorno, tramonto, notte. In origine questo segno era un portafortuna, finché fu utilizzato come simbolo di protezione. La piccola raffigurazione a destra illustra una decorazione cinese di un tamburo con lo stesso motivo.

Come talismano aiuta a:
- adattarsi al ritmo della vita
- provare felicità in ogni momento del giorno e della notte

Come amuleto protegge contro:
- gli squilibri
- la stanchezza
- l'aggressività

L'OCCHIO NELLA MANO
– La mano di Dio

Entrambe le rappresentazioni della mano provengono dal Vicino Oriente e hanno un'origine ebraico – araba. Ancora oggi vengono indossate come portafortuna. Nell'antichità le proprie mani venivano nascoste come segno di sottomissione, quando si era in presenza di una persona altolocata. La mano aperta simboleggia l'intervento di Dio. Per i musulmani essa viene definita la mano di Fatima. Fatima era la figlia del profeta Maometto. Le dita sono i cinque pilastri dell'Islam. La mano nella rappresentazione di destra è di origine ebraica, un talismano della forza e della potenza. La mano a sinistra porta l'occhio di Dio, onniveggente. In quasi tutte le culture esiste questo simbolo, che viene utilizzato come potente amuleto protettivo.

Come talismano aiuta a:
– raggiungere forza e potenza
– possedere una fede salda
– avere fortuna attraverso la grazia di Dio

Come amuleto protegge contro:
– la paura e la repressione
– la sfortuna e la disgrazia

VASI DI MIMBRES – Sacrificio sacro

La scultura di mimbres si insediò nel Sud-Ovest degli Stati Uniti, nel Nuovo Messico, dal 1100 fino al 1300 d. C. e presentava profondi influssi della cultura di Anasazi. La ceramica bianca era dipinta di nero. Qui vediamo una stella a quattro punte, che simboleggia i quattro elementi e i quattro punti cardinali della ruota di medicina. Il resto dell'immagine rappresenta la danza della creazione. L'arte in ceramica della tribù dei Mimbres veniva considerata sacra ed era pertanto utilizzata per scopi cerimoniali. Talvolta i calici e i vasi contenevano le anime dei morti. Dopo la cerimonia i vasi venivano rotti per poter liberare le anime. Quando veniva sacrificato qualcosa di prezioso, si ottenevano altrettante cose buone.

Come talismano aiuta a:

– Portare a termine un nobile progetto, in cui si rinuncia a qualcosa di prezioso per sé (come il tempo, l'attenzione, l'amore)
– donare una cosa posseduta che si ama molto, per rallegrare qualcun altro

Come amuleto protegge contro:

– la mancanza di generosità
– la mancanza di compassione

RUOTA DI MEDICINA
– Armonia (hózhó)

Da circa 5.000 anni in quasi tutte le stirpi indiane esiste un tipo di ruota di medicina. "Medicina" è una parola che appartiene ai saggi e non si riferisce a un qualcosa da assumere, ma al bene, che viene condiviso con colui che si occupa di essa. Analogamente, l'uomo di medicina non è un medico nel senso che intendiamo noi oggi, ma un uomo santo, che entra in contatto con gli spiriti, per occuparsi delle guarigioni. Le ruote di medicina sono costruite sul numero sacro quattro, che è il simbolo della terra e della vita. Si fa riferimento ai quattro punti cardinali e ai quattro elementi. La ruota è il simbolo dell'armonia. La raffigurazione mostra una ruota di medicina del Sud-Ovest. Nella parte centrale possiamo riconoscere i simboli dall'alto e dal basso. I raggi del sole partono da qui. Intorno a questo centro sono collocati i 4 elementi: fuoco, acqua, aria e terra. Esternamente sono raffigurate delle scale che rappresentano i momenti positivi e negativi del percorso della vita.

Coma talismano aiuta a:
- costruire la forza personale e l'armonia
- conseguire la saggezza
- adattarsi al ritmo della vita e percorrere il sentiero dell'armonia

L'OCCHIO NEL TRIANGOLO
– Contro il malocchio

Nelle culture europee, africane e asiatiche, si è sempre creduto al "malocchio". Questo causa disgrazie a causa dell'invidia e la gelosia altrui. Alle persone benestanti e con possedimenti viene richiesto di non essere dure di cuore, ma offrire liberamente ai poveri qualcosa, per non essere colpite dal flusso del malocchio. Gli zingari credono che un bambino particolarmente carino possa essere oggetto del malocchio da parte delle altre madri. Per questo motivo, spesso ai bambini viene donato un amuleto, che allontana il malocchio e con ciò anche le disgrazie. L'amuleto che si trova accanto rinvia al mittente gli auguri sfavorevoli.

Come amuleto protegge contro:
- malaugurio
- invidia e gelosia
- sfortuna

MARTELLO DI THOR – Impeto

Thor scaglia il suo martello con ira; questo ha colpito l'obiettivo ed è ritornato indietro da Thor. I tuoni che aveva inviato ricordano i colpi di un martello sull'incudine. Chi possedeva un utensile era particolarmente rispettato. A lui venivano conferite potenza e forza. Il Dio dei tuoni, Thor, veniva anche chiamato colui che scaglia i tuoni, paragonabile a Giove, il padre degli dei secondo i Romani. Il suo giorno è il giovedì. Il suo martello era il simbolo della potenza dei re del Nord.

Come talismano aiuta a:
– perseguire successi professionali
– irradiare grande personalità
– raggiungere i propri scopi

Come amuleto protegge contro:
– lo spirito meschino degli altri
– gli insuccessi
– le perdita in borsa

SOLE E LUNA – Protezione e benessere

A sinistra è raffigurato il sole nella sua forma femminile. Vi erano culture antiche in cui il sole era la madre della vita di tutti. Gli imperatori del Giappone affermavano di provenire tutti dalla dea del sole Amaterasu. Il sole femminile era ricettore di vita, caloroso e dispensatore di bontà.

La mezzaluna con le stelle sul lato destro personifica allo stesso tempo le forze femminili e quelle maschili. La luna con il suo ciclo di 28 giorni era sacra alla dea della luna. Insieme alla stella mostra qui entrambi gli stadi: l'apertura e la chiusura. In questo modo, il presente ciondolo è un efficace talismano d'amore.

Il sole aiuta il talismano a:

– essere protetti

La luna aiuta il talismano a:

– disporre di forza e benessere sessuale

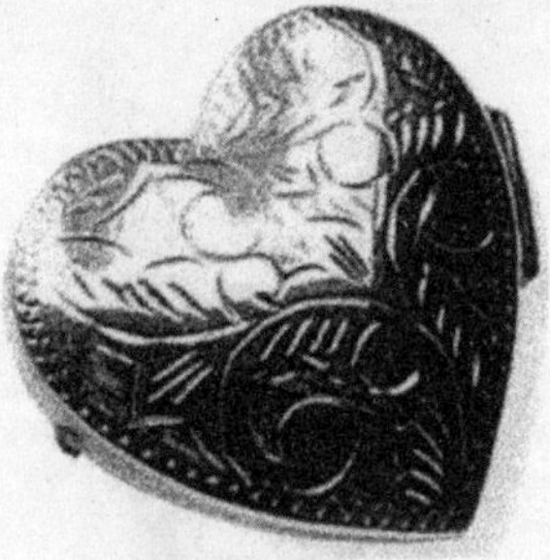

CUORE – Amore

Il medaglione del cuore, raffigurato a sinistra, è un classico simbolo d'amore. Si conserva all'interno la foto dell'amato o dell'amata o alcuni suoi capelli, per poterlo/a portare sempre nel cuore. Non si può immaginare un regalo più gradito in amore o in amicizia. A destra una spirale orna il cuore, essa indica l'interno, che significa il viaggio della conoscenza, che ha sempre luogo nel proprio cuore. Il potere dell'amore guarisce e trasforma.

Come talismano aiuta a:
- ottenere pace nel proprio cuore
- provare una gioia completa
- donare e ricevere amore
- acquisire salute e felicità

Come amuleto protegge contro:
- le malattie di cuore
- le preoccupazioni d'amore
- la tendenza a cercare la colpa negli altri

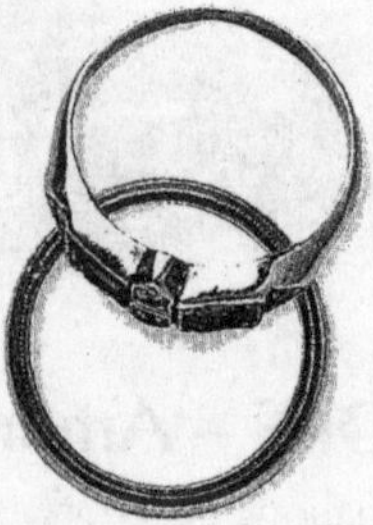

ANELLO – Fedeltà ed eternità

L'utilizzo dell'anello matrimoniale risale ai Romani. L'anello semplice d'oro rappresenta l'eternità e il circolo della vita, poiché non ha fine, né inizio. Un anello d'oro con diamanti incastonati significa fedeltà. Il diamante da solo simboleggia l'energia, perciò dovrebbe essere portato insieme all'oro.

Gli anelli dell'amore, rappresentati in alto, erano di moda nel diciottesimo secolo. Sull'anello chiuso due mani racchiudono un cuore. Il significato è chiaro: due persone che si amano non vogliono mai separarsi. Questo spiega anche l'anello superiore, che è diviso in cinque anelli, uniti indissolubilmente tra di loro.

Come talismano aiuta a:

- sviluppare la fiducia nei confronti di un'altra persona
- mostrare il proprio legame
- consolidare l'amore e l'amicizia

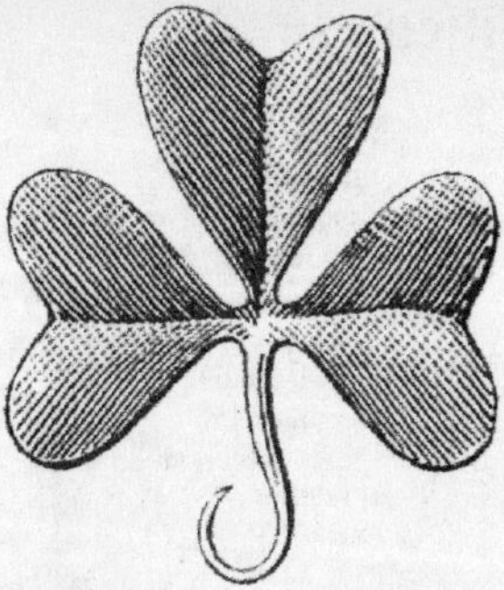

TRIFOGLIO – Forza vitale e fortuna

Il trifoglio per la sua crescita vigorosa è sempre stato il simbolo della vitalità. Presso i Celti veniva considerata una mandragola sacra. Nel Cristianesimo il trifoglio si ritrova nel coro delle chiese. La foglia del trifoglio simboleggia la triplicità. Il quadrifoglio non è molto facile da trovare, rappresenta la fortuna, su cui di tanto in tanto si inciampa. Se addirittura la si trova con cinque foglie, è il segno di un matrimonio felice.

Come talismano aiuta a:
- attrarre la fortuna
- accrescere la forza vitale

Indice analitico

Chiarimenti

(C)	=	Capitolo sullo zodiaco cinese
(F)	=	Capitolo sugli animali feticci
(F)	=	Capitolo sugli animali forti
(T)	=	Capitolo sugli spiriti totem
(O)	=	Capitolo sullo zodiaco occidentale
Celt.	=	Capitolo Sui Celti
(T)	=	Abbreviazione di talismano

Heike Owusu

I SIMBOLI DEGLI INDIANI D'AMERICA

L'essenza delle tradizioni pellerossa

Oltre 300 simboli, appartenenti a una quarantina di tribù, per una raccolta unica nel suo genere. Il popolo pellerossa ci parla di un linguaggio figurativo capace di convogliare potenti verità e profondi insegnamenti. Obiettivo principale di ogni credo dei nativi americani è vivere in pace e armonia con le leggi della natura: tutto nell'univer-so è pervaso dallo spirito della vita, che si manifesta attraverso antiche simbologie ancora oggi capaci di donare il loro potere. *320 pp. - 11 x 17 - Illustrato*

Sabine Heinz

I SIMBOLI DEI CELTI

La visione del mondo sviluppata dai Celti è assai distante da quella odierna: un popolo antico e misterioso, un loro modo di vivere e una loro cultura che si perdono nelle nebbie del passato. Ma i loro simboli, giunti fino a noi e si possono ancora ammirare su edifici e gioielli. L'ampia panoramica della simbologia celtica qui presentata getta nuova luce sulla preziosa eredità che questa antica tradizione ci ha lasciato. Ogni simbolo viene descritto nei suoi tratti essenziali, unito a un breve racconto e ad un collegamento pratico con la vita di tutti i giorni, lasciando intravvedere nuovi orizzonti di comprensione e saggezza. *304 pp - 11 x 17 - Illustrato*

Heike OwusuI

SIMBOLI MAYA,

INCA E AZTECHI

I Maya, gli Inca e gli Aztechi parvero irrompere misteriosamente dal nulla nella storia, fino a quando i conquistadores spagnoli li sterminarono. Tuttavia, i loro simboli hanno conservato intatto il proprio fascino e molti di questi sono diventati parte del nostro mondo quotidiano. Il volume presenta numerosi motivi, segni e figure prodotti da queste antiche culture, spiegandone origini e significato, per ricomporre, a distanza di secoli e attraverso la simbologia, un'immagine della vita di questi popoli ormai scomparsi. *288 pp. - 11 x 17 - illustrato*

John matthews
le carte dei
CELTI
il sentiero sciamanico
della tradizione celtica
illustrazioni di chesca potter

L'ORACOLO
DEI MAYA
Dall'antica saggezza dei Maya un sistema
basato sul sacro calendario profetico
Ariel Spilbury e Michael Bryner
Illustrazioni di Donna Kidde

Philip e Stephanie Carr-Gomm
L'Oracolo
dei
Druidi
Lavorare con gli Animali Sacri
della Tradizione Celtica
Illustrato da Bill Worthington

LE CARTE
DEGLI ELFI
Tuatha na Sidhe
I DONI DEL POPOLO FATATO

- Oracolo -
del
Tempo-di-Sogno
Basato sull'Antica
Saggezza degli Aborigeni
Donni Hakanson

Uriel
LE CARTE
DEL KADOSH
Il sentiero della visione dell'anima
Il potente talismano dei 72
angeli custodi della Kabala
EDIZIONI
IL PUNTO
D'INCONTRO

Don Miguel Ruiz
I QUATTRO ACCORDI
Guida pratica alla libertà personale
UN LIBRO DI SAGGEZZA TOLTECA
EDIZIONI IL PUNTO D'INCONTRO

Mary Carroll Nelson
LE QUATTRO PROFEZIE
DI DON MIGUEL RUIZ
EDIZIONI IL PUNTO D'INCONTRO

Don Miguel Ruiz
LA PADRONANZA DELL'AMORE
Guida pratica all'arte dei rapporti personali
UN LIBRO DI SAGGEZZA TOLTECA
EDIZIONI IL PUNTO D'INCONTRO

I 36 STRATAGEMMI
L'arte segreta della strategia cinese per trionfare in ogni campo della vita quotidiana
A cura di Gianluca Magi
Presentazione di Franco Battiato
三十六計
EDIZIONI IL PUNTO D'INCONTRO

Brenda Shoshanna
LO ZEN E L'ARTE DI INNAMORARSI
真愛

Diana Rosen
IL LIBRO DEL TÈ VERDE
EDIZIONI IL PUNTO D'INCONTRO